U0936740

珍藏本·增订本

纪念版

汉译世界学术名著丛书

琉球见闻录

喜舍场朝贤　著

李艳丽　译

汉译世界学术名著丛书
（120 年纪念版·珍藏本）
增订本出版说明

2017 年 10 月，为纪念商务印书馆创立 120 周年，本馆推出“汉译世界学术名著丛书”（120 年纪念版·珍藏本），计七百种。近五六年来，仰赖学界同人倾力支持，订正旧译，增补新译，拓展新著，积累日多。为满足读者需要，本馆在七百种的基础上，继续推出“汉译世界学术名著丛书”（120 年纪念版·珍藏本·增订本）三百种。至此，“汉译世界学术名著丛书”累计出版已达千种。

今后，本馆将继续推进丛书的翻译出版工作，在积累单本名著的基础上陆续分辑刊行，汇印出版。为促进中外文明互鉴、推动我国学术发展，使“汉译世界学术名著丛书”这项对我国学术文化有基本建设意义的重大工程发挥更大作用，诚望海内外学术界、翻译界继续给予支持，帮助我们把这套丛书出得更好。

商务印书馆编辑部

2024 年 2 月

汉译世界学术名著丛书
（120年纪念版·珍藏本）
出版说明

2017年2月11日，商务印书馆迎来120岁的生日。120年前，商务印书馆前贤怀揣文化救国的理想，抱持“昌明教育，开启民智”的使命，立足本土，放眼寰宇，以出版为津梁，沟通中西，为中国、为世界提供最富智慧的思想文化成果。无论世事白云苍狗，潮流左右激荡，甚至战火硝烟弥漫，始终践行学术报国之志，无改初心。

逐译世界各国学术名著，即其一端。早在20世纪初年便出版《原富》《天演论》等影响至今的代表性著作，1950年代后更致力于外国哲学和社会科学经典的译介，及至1980年代，辑为“汉译世界学术名著丛书”，汇涓为流，蔚为大观。丛书自1981年开始出版，历时三十余年，迄今已推出七百种，是我国现代出版史上规模最大、最为重要的学术翻译工程。

丛书所选之书，立场观点不囿于一派，学科领域不限于一门，皆为文明开启以来，各时代、各国家、各民族的思想与文化精粹，代表着人类已经到达过的精神境界。丛书系统译介世界学术经典，引领时代思想，为本土原创学术的发展提供丰富的文化滋养，为推动中国现代学术和现代化进程做出了突出的贡献。

为纪念商务印书馆成立120周年，我们整体推出“汉译世界学术名著丛书”120年纪念版的珍藏本，寄望既利于文化积累，又便于研读查考，同时向长期支持丛书出版的译者、编者和读者致以敬意。

两甲子后的今天，商务印书馆又站在了一个新的历史时间节点上。我们不仅要铭记先辈的身影和足迹，更须让我们的步伐充满新的时代精神。这是商务人代代相传的事业，更是与国家和民族的命运始终紧密相连的事业。我们责无旁贷，必须做好我们这代人的传承与创造，让我们的努力和成果不仅凝聚成民族文化的记忆，还能成为后来人可以接续的事业。唯此，才能不负前贤，无愧来者。

商务印书馆编辑部

2017年10月

谨以此书献于已故尚泰侯之灵

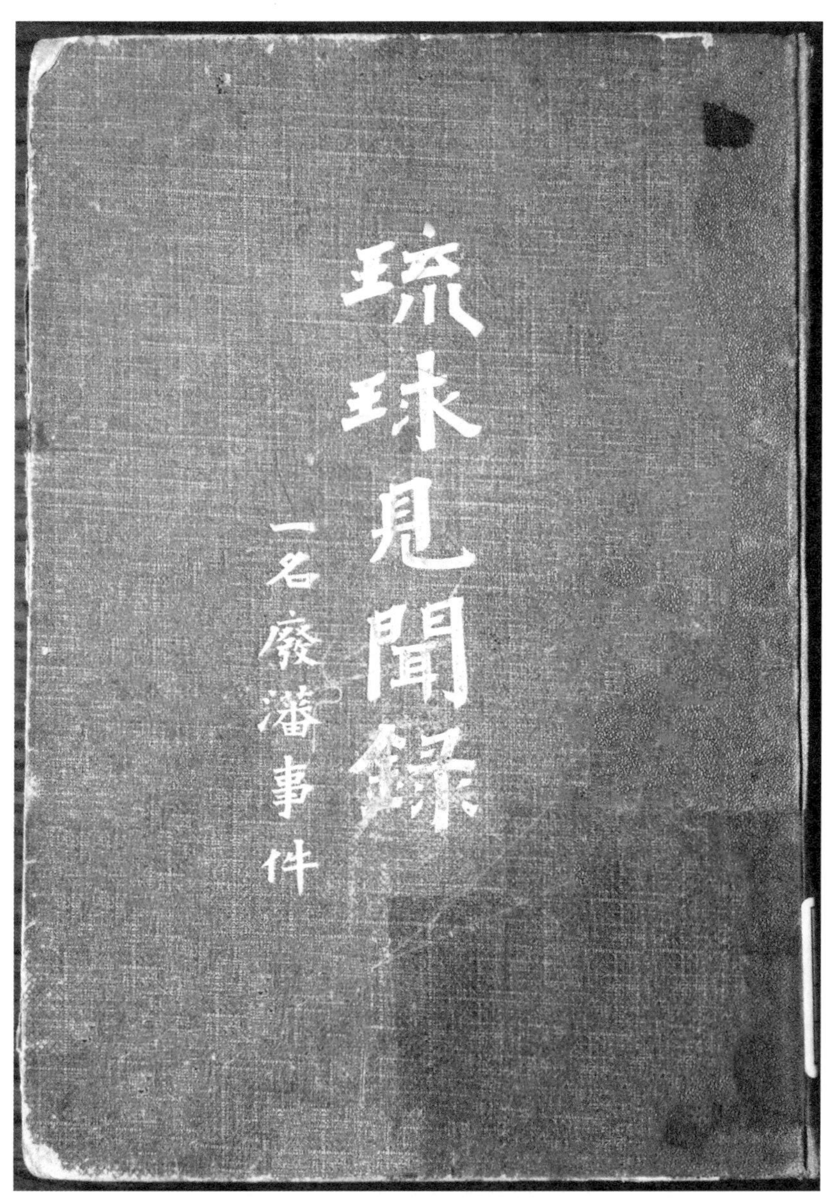

《琉球见闻录》（那霸：亲泊朝擢，1914 年）封面，
本书插图皆系陈占彪拍自法兰西学院图书馆

文學士伊波普猷序

東汀喜舍場朝賢著

琉球見聞録

附録 琉球三寃録

《琉球见闻录》一书扉页

琉球国末代国王尚泰

本书作者琉球人喜舍场朝贤，唐名向廷翼

琉球处分官松田道之

目　　录

译者的话

《琉球见闻录》[①]一书作者为喜舍场朝贤，写作于 130 年前。

该书由“候文”写成。所谓“候文”，是日本中世至近代所使用的一种文言文体，文末以表示敬语的助动词“候”结尾，一般用于正式的文章或公文。可想而知，《琉球见闻录》是一本偏重存史的书籍。然而，《琉球见闻录》的“见闻”只能体现出一般记录、记事、游记的感觉，而绝无惨烈的悲痛之感。作为一个正处于历史大变动期间的当事人，著者自然难以表露其情绪；但作为今日的中国阅读者，所谓“见闻录”其实就是琉球的“亡国史”。

这部书文字之艰涩，行文之暧昧，交涉之饶舌，无一不促成了译本现在的这一面貌。至于琉球的归属问题，本书讳莫如深，完全不能回答。读者尚需要另找资料，依靠自己的学识去辨别。这可真是应了著者的“见闻录”一词。

一 《琉球见闻录》中所见“两属性”

是书原作于 1879 年（日明治十二年），正值琉球被废藩置县

① 喜舍场朝贤:《琉球见闻录》，三秀舍 1914 年版。

之际，著者喜舍场朝贤年届四十而“不惑”，躬历其事。该书完成后，在尘封了三十六年之久的1914年（日大正三年），才从箧底捡出，公布于天下。其时，著者已成“古稀”老翁，闲居乡村，只与风月为友。

上面的这几个数字，代表了著者所处的时代及其身份立场——“琉球旧藩士”。喜舍场朝贤（1840—1916），号东汀，生于首里城下仪保村，幕末明治朝琉球国士族。童名次郎，唐名向廷翼[①]，善儒学，自津波古亲方（政正）学诗文。尚泰十九年（1866），于尚泰册封之时担当翻译，翌年成为国王之御侧仕（近臣）。尚泰二十五年（1872）作为维新庆贺使出访东京。尚泰三十二年（1879），因琉球处置致使王国灭亡而失官职，为贫穷士族，移居农村。后于久米岛进行开垦事业，主张吏员弊政之改革。著有《琉球见闻录》《东汀随笔》等书。

1879年，日本对琉球国实行所谓的“废藩置县”，“琉球国”变成了“冲绳县”。此书将这所谓的“废藩置县”日琉之间漫长而曲折的交涉详情按年代月日详细叙述，其中包含了日本与琉球之间的交涉公文，琉球官吏、士族、平民对这些文书的讨论，亦有少量清国政府的信函。其目的在于说明琉球是如何一步步地被明治政府收入彀中，最终成为日本之一县的经纬。身为琉球遗民的著者，身经家国之变，百感交集，百般无奈。其笔端之踌躇，内心之痛苦跃然纸上。

琉球自1372年（明洪武五年）以来，就成为中朝之藩邦，

① “向”是“尚”的略写，音同。琉球王姓“尚”。

1609年（明万历三十七年），萨摩藩入侵琉球，琉球被迫割地起誓，琉球从此处于一种所谓的"两属"状态。琉球的名称，源自7世纪中国的史书《隋书》卷八十一、列传第四十六"东夷·流求国"之条。14世纪后，指代包括今日冲绳县周边地域的"琉球国"。冲绳的名称，出自淡海三船著《唐大和上东征传》①（779年），其中记载了753年遣唐使一行漂流至阿儿奈波岛②。"阿儿奈波"的读音为"あこなわ"，即"冲绳"的假借字，所以日本将之视为日本文献上第一次出现的"冲绳"字样。据说，日本原本称其为"冲绳"，后随中国"琉球"之称呼。琉球处置之际，明治政府内部亦对"琉球县"的名称进行了讨论。内务卿伊藤博文向太政大臣三条实美提出的琉球处置的文书内写道："废琉球藩，更置琉球县。兹此布告。但县厅设置于首里。"然而，琉球县的名称终究没有被采用，其间经纬不明。相对于源自中国语的"琉球"，源自琉球语（冲绳方言）"うちなー"的"冲绳"，显然更能表明归属日本的意思。

19世纪中后期，日本刚从锁国250多年的江户过渡到明治，近代国家的构想并不清晰，再加上国内政局的不稳定（西南战争等），明治政府亟须向世界证明自己的身份。向世界宣扬"日本像"的同时也是明治政府对自我认识的勾勒，对国民教育的普及。1868年4月6日，明治政府公布了基本方针"五条誓文"：其一，广兴会议，决万机公论；其二，上下一心，盛行经纶；其三，官

① 有《鉴真和尚东征传》《鉴真过海大师东征传》等别名。

② （天宝十二年十一月）"廿一日戊午、第一、第二の両舟同じく阿児奈波嶋(沖縄島)に到りて、多彌ガ島西南に在り"。

武一途，迨至庶民，各遂其志，不使人心倦怠；其四，破旧来之陋习，基天地之公道；其五，向世界求智识，大振皇基。

琉球古国的近代变迁，便处于这样的一个历史转折期。僻居中华之辰巳海隅，物产鲜少，往古以来，被封为天朝之藩国，以其威光亦受日本亲切之礼遇，不受异国之怠慢。因此，琉球将中国与日本奉为父母之国，表万世不变之忠诚。

对于琉球这样一个两属之暧昧身份，往昔出于实力不可竞争，日本虽有所用心，但却只得隐忍不发。然而，明治维新后，政局一变。明治开化后，日本迅速实现了近代化，经济及军事实力急剧增长。而与此同时，中国仍处于艰难的转型过程。这时，日本蠢蠢欲动，琉球便是近代日本海外扩张的第一个目标。

面对如此强势地“挤进西方列强之列”的日本，琉球仍主张以信义与各国交际，欲以忠顺可嘉、守礼之邦之名，维持安逸。问题是，此时“天朝”中国正面临着“三千年未有之大变局”，“泥菩萨过河，自身难保”。面对身处危难之中的琉球的求援，中国可谓是有心无力。当时琉球官员“渡航至天津港，见直隶省总督李鸿章，告急请援。国头上北京。李鸿章曰：听闻国王业已随顺日本，叙华族，受金禄，岂有援助之理。幸地不能答，然不肯归国。久居，哀求恳愿，而毫不见采用之色”（原书卷四）。当时情形，中国之爱莫能助，“非不为也，是不能也”。

美国第18届总统尤里西斯·辛普森·格兰特（Ulysses S. Grant, 1822—1885），为游览东洋各国抵中国，后至日本。其在清国时，为恭亲王依赖，就琉球事件向外务卿建议谈判。“克氏为两国劝仲裁（中略）政府员曰：对贵君之忠告，甚为感谢。然琉球固我所有，假令为两国媾和，我不能发言割让。若清廷为保全其面目，而请愿此割让，我当不拒之。克氏即向清国政府报知此趣。其后，清国政府请与日本谈判，言：琉球本岛成独立国，东北群岛归日本所有，西南诸岛归清国所有。日本政府认为，此与克氏之趣意相反，拒绝之。”[①]

诸如此类，书中征引清政府文书极少，并不能体现清朝对于琉球处置事件的态度。

二　代序者伊波普猷眼中的“两属性”

江户时代，琉球成为日中贸易经营的港口——岛津氏经营日中贸易的秘密机构，亦为倒幕运动提供了资金。

> 三百年前的萨摩[②]与琉球之间纯粹是经济上的关系，但是在庆长战役后，一下子变为政治性关联。……岛津氏征伐琉球的动机原本在于这些机敏的萨摩政治家清楚地知道，在当时正处于锁国时代的日本，除了长崎以外，任何地方都不得与外国进行贸易往来。但萨摩却利用了琉球特殊的地理位置，秘密地经营着日清之间的贸易。所以，当岛津氏好不容易战胜后，并不破坏琉球王国，而是依旧保留了“王国的空壳”，将其作为一个进行秘密贸易的机构。岛津氏一方面命琉球人

① 《琉球见闻录》卷四，第 192 页。

② 旧国名之一。今鹿儿岛县之西部，萨州。

称萨摩为"御国元"（即本国的意思），另一方面命琉球王继续接受支那皇帝的册封，其原因也在于此。总之，岛津氏之对于琉球的态度是模棱两可的——对于那些因为受了支那的影响而疏远"御国元"的人，施加不可分离的警戒；对于那些因为受了日本的影响而以"御国元"的人自居的人，警戒不可过分亲密接触。简而言之，岛津氏对琉球人一直采取若即若离的态度，希望他们成为一种"暧昧的人类"。这便是为了秘密贸易顺利进行的缘故。[①]

萨摩出于经济利益的考虑，而将琉球变成"秘密机构"，将琉球人变成"暧昧"的人类。在这个立场上，伊波提出了"奴隶解放"的说法。他说：

比起琉球人，岛津氏更加热爱琉球这片土地，以至最终实施殖民政策、奴隶制度。据说这一制度建立后，实施政策之初，琉球人非常悲痛。可是，世界上没有比习惯更为可怕的东西。在漫长的岁月里，不论是多么残酷的制度，都具有让人以为是真理的强力。……琉球人不知不觉地从欢乐之中发现隐寓，并形成了一种人生观。当他们驯服于奴隶的境遇后，竟将此视为有意义的生活。他们嘲笑那些因为发誓永远不当奴隶而被萨摩杀害的爱国主义者，甚至他们在组踊[②]中将

① 伊波普猷:《琉球见闻录》之"代序"。

② 1719 年以来琉球的古典戏剧。

其设为“坏按司”[①]的角色，成为以此讨取岛津氏欢心的变色龙。……不过是36年前，琉球遍地是戴着玉冠、纱帽、五彩巾、紫巾、黄巾、红巾、青巾等各色头冠的美丽的奴隶。可是，他们从未意识到自己是一种奴隶，这对于他们而言，是多么大的幸福啊。[②]

被萨摩统治了的琉球人，失去了独立自主的精神，失去了自由。那些因为不甘于做萨摩的奴隶而被杀害的琉球人，与那些混沌度日的成为奴隶的琉球人，其命运都是悲哀的。可是，琉球人有得选择吗？伊波批判琉球人没有意识到自己是“奴隶”，因此不能明白琉球被处置的结果并不是国家灭亡，反而是复活。因为是被纳入了日本帝国的体制之中。

那么，琉球在被纳入日本帝国之后，是否获得了复活与飞跃呢？

废藩置县后的第二年，琉球依旧处于鹿儿岛县管辖之中。鹿儿岛派县吏伊地知真馨、奈良原繁渡琉，说明其国体、政体并没有变革，并免除琉球对岛津氏的5万元欠债、农民未缴纳的租税3万石。琉球与日本本土的社会体制相异，恐怕在琉球实行激进变革会引起人心动乱，因此，对王国时代的土地制度、租税制度、地方制度未作更改。政府实施温和政策，尤其对尚家及抵抗日本势力的旧王府中枢采取了优待措施。比如对有俸禄之士下发公债证书，保证了大名的经济利益，并确保了尚泰的私有土地财产。另

① 按司是明治维新以前琉球的官位之一。

② 伊波普猷：《琉球见闻录》之“代序”。

外，对大约7000户无俸禄士族实施救济，那只不过是一次性的补助罢了。

琉球成为冲绳之后，要将“琉球人”转化为“日本人”，教育发挥了举足轻重的作用，于是日本废止儒学教育，关闭国学、平等学校、明伦堂等旧制学校。1880年起开设新式学校教育，设置翻译、普通话等课程，新建14所小学。对毕业生采取录用为地方官吏的诱惑政策，对就学者提供补助金。发行会话教科书，强调“日琉同祖”论，彻底贯彻培养“日本人”的意识形态。此外，力图让儿童形成“冲绳是日本的南大门”的概念，1885年编唱《萤之光》歌曲，描述日本疆域，宣扬国民的国防义务。此外，注重培养对天皇的忠诚，将天皇制意识形态注入学校教育之中。1887年向冲绳县寻常师范学校下赐天皇、皇后的“御真影”。1890年10月，发布道德大纲《教育敕语》。这两者成为皇民化教育的最重要的象征。日本近代以来，天皇制在国家意识形态统一上发挥了重要的作用。《钦定宪法》的颁布，强化了天皇承接祖训，对臣民实施政治行为的特性。甚至将天皇视为国家的一个机构、最高主权者，而不受法律约束，这种认识在昭和时期被推向顶点，天皇成为“现人神”。

冲绳县政初期的12年间，日本陆军的创始者山县有朋、大山岩陆军大将、山路元治陆军中将、陆军大将北白川宫能久亲王、西乡从道海军大臣、海军元帅东乡平八郎纷纷访问冲绳。由此可见，明治政府对琉球的关心只在于军事。这正应合了伊波所感叹的，萨摩比琉球人更热爱这片土地。对冲绳人来说，基本的人权让位于军事，又何来人身安全保障呢？明治大正时期，冲绳著名的报人太田朝敷[①]说："废藩置县后，本县人的权力被取代，没有一个方面不受到官权力的压制。本县人虽然生活在自己的故乡，却犹如食客一般的地位。"[②]果然，在第二次世界大战中，冲绳成了牺牲品。这块二战中唯一进行过陆地战斗的日本领土，在战败后被美军长期占领，成为美国在日本的专用基地。

三 叙述者身份的转变

显而易见，喜舍场朝贤对于琉球归属的态度与伊波普猷的态度是截然不同的。更清楚地说，是著者没有表现自己的态度。[③]

（一）客观叙述者的局限性

关于喜舍场朝贤《琉球见闻录》的研究不多。该书以往未引起注意，至今也没有受到重视，这大约有两个原因。其一，除了极少数研究者以外，很长时间以来人们不知道该书的存在。其二，20世纪六七十年代以后，在冲绳近代史研究中有一个关键词"民族统一"，即表现了学界的关注点。显然，喜舍场所写的"见闻录"不在这一脉络中。

① 太田朝敷（1865—1938），报刊经营者、政治家，琉球冲绳研究者，著有《冲绳县政五十年》。

② 太田朝敷:《冲绳县政五十年》，国民教育社1932年版。

③ 樋口大祐认为，喜舍场朝贤在该书中对以松田道之为代表的明治政府、从前的萨摩均表现出不信任的态度，对琉球自身（同胞）的明哲保身的态度亦有所"自我批评"。详见樋口大祐《「琉球処分」の歴史叙述——〈琉球見聞録〉をめぐって》，收入岛村幸一编《琉球：交叉する歴史と文化》，勉诚出版社2014年版。

严格说来，喜舍场朝贤并不是政治上的官吏。这是否说明了该书的价值不够高呢？一般来说，研究琉球废藩置县的时候多参考官方资料，即松田道之《琉球处分》公文书史料集。但《琉球见闻录》可算是与其相对的非权力者方的资料，这也恰恰证明了该书的重要性。

那么，喜舍场朝贤为什么要写作该书呢？他自述道：

> 我琉球国自古制官设职，未曾有著作编修者焉。[①] 历代政治之得失、人物之臧否、事故之有无，不可得而考也。盖国间于两大，政在世家，有不可直实者。凡制度变故举措云为，大率隐晦灭迹，习以为常。苟有揭著世故，人皆指以为异，而不知修史鉴古之为要。政所之案牍秘藏于府库不敢示国人，是以近世之事，犹且泯没不传，矧前古乎。国人渴闻前古之故事，于和汉则艳说而夸称焉，于自国则眊眊乎不能见焉，不能闻焉，岂可谓善修也哉！二百有余年前，萨兵入国，时有喜安者扈从尚宁王之驾，北至于日本而著日记。录事多阙略，百而传一；行文缺要领，浮以伤实，庶几乎不足名以为史矣。然而除此之外，未曾有可见当时世态变故者矣。今般有废藩置县，事宛出乎尚宁王之覆辙，实千古未曾有之一大事变也。予叹其事与岁时共销磨，隔世则莫以可考征。故茅檐之下，家计之暇，窃执史氏之笔。八年间，凡与日本之所关涉，

① 该书除极少汉文外，皆无标点。段落之间亦无空行。译者根据内容自行标点，安排行款。

随见随眷，随闻随笔。[①]

所以，可以说该书的记录是比较客观的，作者亦未曾表露特殊的情绪。对此，伊波称赞其为站在第三者立场上审时度势的智者。而与他同时代的人们却只会捶胸顿足地号哭“王国的空壳”，他们决计不会想到这是复活的琉球民族的一个大飞跃。

然而，喜舍场的记录无疑只是搜集了琉球方面的文书，对明治政府的政治内幕亦无接触，更不用说对清政府外交等方面的深入揭示。这一方面是由于作者本身知识领域的局限——一个微不足道的官吏的文书工作，另一方面也有作者对出版的顾虑。

“予固知直笔招咎之罪不可遁，而有〈裨〉[②]乎后世秉鉴之万一，则幸甚。”[③]喜舍场朝贤之所以将这本书尘封了三十年，一是出于对琉球处置的官员当时还健在的顾虑，二是因为当时还没有形成舆论环境。但到了大正初年出刊时，正如读者来信所说，此时民众对政治现状抱有公愤。所以，《琉球见闻录》的出版是在这一氛围之中的。[④]

喜舍场朝贤出身于下层士族。未能中科举，所以没有实现去北京国子监留学的愿望。后经老师推荐，当了尚泰王的“侧仕”，时年 29 岁。这是非常低的一个职位，甚至都没有到领取俸禄（石）

① 喜舍场朝贤:《琉球见闻录・序》。

② 原文为稗，疑为“裨”的讹字。

③ 喜舍场朝贤:《琉球见闻录・序》。

④ 波平恒男:《喜舎場朝賢と〈琉球見聞録〉》，琉球大学《政策科学・国際関係論集》第四号，2001 年，第 167 页。

的地步。在他的工作中有一项是誊写文书、史书，这为他后来写作此书提供了条件。做侧仕十年后，好不容易升了职位，做了“心附役”。但仅过了一年，琉球就遭遇废藩置县的处置。此后，他成为落魄的无职业的士人，在农村开垦田地，亦开课教授，度过了一生。[①]

（二）明治新时代的知识分子——第一代琉球／冲绳史学者

伊波普猷笔下的“奴隶”，大约指的是萨摩的奴隶。在江户时代，拥有巨大经济实力的萨摩藩与幕府是对立的状态。所以，在萨摩的实质管制下，又处于清朝的册封朝贡体系之中的琉球，便是“奴隶”的王国。[②]这个评价是伊波立足于《琉球见闻录》出版的1914年的时间节点，对30多年前乃至300年前的琉球的断言。

这个说法与著者喜舍场朝贤的态度似乎有天壤之别，令人不得不考虑二者所处的环境。

伊波普猷（1876—1947），出生于冲绳县那霸市，是第一代琉球／冲绳学研究者、奠基者。他在第三高等学校毕业后，是第一届去东京帝国大学留学的官费生，钻研语言学。学业完成后，归乡任冲绳县立图书馆馆长，竭尽全力搜集冲绳研究资料，研究领

① 关于琉球近世的王国结构与官员的设置，详见波平恒男：《喜舍場朝賢と〈琉球見聞録〉》，《政策科学・国際関係論集》第四号，第127—184页。

② 有关“奴隶”的问题，历史学家佐藤三郎提出：“对反抗的士族采取了强硬态度的松田并不认为对琉球的处理是强者对于弱小者的侵略压迫，而是将生活在艰难困苦中的农民从奴隶的束缚中解放出来的合理行为。”（《琉球藩処分問題の考察》，载《山形大学紀要》1954年第3期，第47—68页。）将“奴隶”指向于琉球的农民。

域涉及语言学、民俗学、文化人类学、历史学、宗教学等学科，后发展建设为“冲绳学”。他深受福泽谕吉的“文明”的影响。1911年他出版了《古琉球》，主张“日琉同祖”论，同时提出琉球内在的独特性。伊波普猷对冲绳的历史、民俗、文学进行了解读，被称为“冲绳学之父”。但将琉球处置赞为“奴隶解放”，这是他认知的局限性。[①]

鸟越宪三郎[②]也高度评价伊波的琉球研究开拓之功绩，但他批评说，伊波的研究偏重文献，但经常会轻易地得出结论，犯了很多理论上的错误。[③]而且，伊波的思想虽然淡化了近代日本有关冲绳歧视的批判，而指摘冲绳人的自豪的生活方式，但最终被“天皇制国家编制中的冲绳”政策所利用。

因此，在琉球的两属问题上的讨论，并不是单纯用史料考证琉球人种的问题，更多的是与当事人所处的社会政治环境相关，带有各种主客观的因素。

距今三万至两万年，琉球国土与大陆相连。据考古资料，东南亚人为其先祖。后来在旧石器文化考古中发现，与九州本土相连的种子岛上有相同的石器（如刀等），因此，琉球亦处于北亚系旧石器文化圈。也就是说，有南九州和北九州两种文化的琉球。1978年，日本NHK进行了全国县民意识的调查，100多个项目

① 太田朝敷在《冲绳县政五十年》中提出：“琉球处置乃是将处于萨摩专制之下的‘奴隶境界’的琉球人民，从食客地位迈向自治自营的道路。琉球人与日本人是自然同化。”

② 鸟越宪三郎（1914—2007），大阪教育大学名誉教授，古代史研究者。著有《琉球宗教史の研究》《沖縄庶民生活史》等。

③ 鸟越宪三郎：《琉球宗教史の研究》，角川书店1960年版，第35页。

的调查显示，冲绳县民与本土人民的意识之间存在着巨大的差异。他们认为，从文字的传入与使用、佛教的传入、国土统一、中央集权国家的确立等方面来看，琉球与日本之间存在着800年的差距，而被视为“后进性”。可以说，冲绳对于本土来说是一个“特异”“例外”。这个“特异”形成的原因来自于琉球王国形成的历史、战前的冲绳歧视、将冲绳作为本土防卫的弃子的冲绳战役、战后被置于美军的管辖之下，等等。

四　另一部《琉球亡国史谭》

无独有偶，1951年，台湾正中书局出版了一部《琉球王国史谭》（写作于1949年），著者为蔡璋。该书亦是从明治废藩置县讲起，对琉球处置的过程作了描述。书很薄，有关琉球处置的章节仅14页。不过，除了叙述日本方面与琉球的交涉之外，对清政府的态度、立场亦有所揭示。比如清政府因新疆“伊犁事件”与沙俄的冲突，考虑“联日拒俄”。另外还设有附录，对琉球的历史、文化、地理作了介绍。

蔡璋是战后在台湾居住的琉球人后裔，琉球名喜友名嗣正，蔡姓是琉球闽南三十六姓后裔。与喜舍场朝贤所著完全不同，《琉球亡国史谭》主张“琉球复归中国”，带有强烈的主观色彩。

他在“自序”里说：

> 假使我们以地理上的版图作考据，历史上的传统作依归，

> 民族上的血统作立论，而站立客观的位置去对一个国家的隶属下断论，似乎比较妥适些。……琉球与中国，息息相关，形成父子血肉，这两千余年来密切的关系，绝不容任何人来否认与分离。日本吞并琉球，改为冲绳县，使毋入中国，并毋许受清政府册封，而且置清政府之诘于不顾，琉球遂灭亡了。从此七十余年间，琉胞日处水深火热之中，过着奴隶不如的生活，文字被灭，姓名被改，人民被迫充炮灰，生灵无辜受涂炭。然琉胞民族正气长存，革命精神愈强，革命志士无时不与日寇作殊死斗，杀身成仁，前赴后继，以图反抗强暴，复兴民族，革命史实，真可以惊天地泣鬼神。惟以祖国海洋遥离，呼吁无门，仅有翱首云天，吞声饮泣而已！[①]

作者之所以写作该书，亦具有浓郁的时代背景。作者本是琉球那霸人，出于对最近拟定的对日和约中没有合理处置琉球的忧愤而急起呼吁，写就此书。其目的是希望国人共同努力，免使琉球重沦日本版图，早日促成中琉一体的实现。

第二次世界大战结束，日本无条件投降。处于中国海岛台湾的蔡璋原以为："全琉人民，不分男女老幼，无不庆幸今后可以拨云雾而重见天日，重返祖国怀抱，呼吸自由空气，享受幸福生活。讵料战后不久，国际环境又呈逆转，琉球未来的归属问题，亦尚乏明显合理的决定，而琉胞的殷望，几一扫而尽空了！"[②]

---

① 蔡璋：《琉球亡国史谭》之"自序"，正中书局 1951 年版。

② 蔡璋：《琉球亡国史谭》之"自序"。

琉球在经过明治时代的废藩置县、开始近代化建设之后，70年间发生了巨大的变化。若要抹煞这个时间与空间，而将冲绳硬生生地拉回琉球处置之前，即中国与日本的两属状态，似乎偏颇之至。这一观点的提出，自然与蔡璋其人之生平相关。

蔡璋是台湾“琉球革命同志会”的灵魂人物。该会于1941年创立，编著《琉球与中国之关系》，鼓吹革命解放琉球，归属中国，并启发琉球之民族思想。1958年，蔡璋等人结合琉球本土力量、原社会党党魁大宜味朝德成立“琉球国民党”。该党在政治上主张“琉球自主独立”，并强调“在美国的支援下，建设新琉球”。不过，后来该党因未能获得广泛支持而销声匿迹。

在《琉球亡国史谭》中，蔡璋亦提及喜舍场朝贤的《琉球见闻录》，并对其作了如下评述：

> 光绪元年一月在松田道之来琉之前，三司官已上东京请愿，不能断绝与清国之交通。当时，琉球王尚泰的近侍向廷翼（按：即《琉球见闻录》的著者喜舍场朝贤翁），直接和琉王共同忧虑国事，筹划对日方策。尚泰王信奉鬼神，以为国事可靠神力匡辅，曾取出王室系图座[①]所存的旧记数十卷，嘱咐向廷翼誊写一过，此书是记载琉球国中神祠的由来事实，廷翼奉命常在别室誊写之。王室左右无人，尚泰王暗默问道：“这不是好书吗？”廷翼答道：“是的。”说完了，便随即正其容貌，向着尚泰王恭谨地劝诫如左：“国家的兴废存亡全看君

① 职名，专司王室系谱保存之官。

臣协心，能勤政事，是不关鬼神之事的。”王谓愿闻其说，向廷翼便引起周朝虢国因为崇信鬼神而亡国的故事详为讽谏。尚泰王始终不听。唉，在王国存亡的时候，只有向廷翼足以支撑琉球最后门前的柱石罢！[①]

喜舍场朝贤深受儒学之教诲，且受其老师津波古亲方之嘱托。老师之所以推荐他为御侧仕，乃是因为他有异于他人之学问。“御前书籍多，汝闲暇之时看书，将其要旨默记于心。于御前应时临机陈述之。乃成为第一之御辅佐。”[②]作为传统士大夫，喜舍场朝贤一定是具有相当的社会责任感的，虽然《琉球见闻录》中未有明确的体现，但著述该书本身已具有价值。

蔡璋还征引了蒋中正《中国之命运》[③]第一章有关内容：“以国防的需要而论，上述的完整山河系统，如有一个区域受异族的占居，则全民族，全国家，即失其自卫上天然的屏障。河淮江汉之间，无一处可作巩固的边防，所以台湾、澎湖、东北四省、内外蒙古、新疆、西藏，无一处不是保卫民族生存的要塞。这些地方的割裂，即为中国国防的撤除。”这似乎与明治政府看重琉球的军事地理位置有异曲同工之妙。

《琉球见闻录》正式出版于 1914 年，所有内容均系作者亲历亲撰，弥足珍贵；然其原著系近世之日文，足使一般读者望而却

① 蔡璋：《琉球亡国史谭》，第 3—4 页。

② 喜舍场朝贤：《琉球见闻录》之“小传”。

③ 蒋中正：《中国之命运》，正中书局 1943 年版。

步，更使得众多中文读者无缘阅读与使用。在其正式出版的一百年后的今天，译者有幸能将该著述译介国中。本书翻译底本据1914年那霸亲泊朝擢发行的版本。陈占彪翻拍自法兰西学院图书馆，原书书首有若干插图，因条件限制，只得在本书书首插入部分插图。

历史有其重复性，但并非没有变化。文字的记载并非绝对真实，然而真实亦含于其中。相信对琉球历史感兴趣，或对今日中日关系感兴趣，抑或对日本近代史有所兴趣的读者和研究者，都能从这本珍贵的原始文书中得到参考和启发。这里作一声明，译者翻译是书，一本忠实于原著文辞，这并不意味着译者对该书中的种种用词和观点持赞成态度。译者对于该书的代序者伊波普猷将琉球的废藩置县评论为"奴隶解放"的言论持批判态度。姑且不论古琉球与中国、日本之间的隶属关系，即便对于任何一个属国、属地来说，"奴隶"的称呼也是不恰当的。这实际上也是为日本吞并琉球王国找借口。

1372年，明洪武帝派人视察琉球，赐名"琉球国中山王"，此后琉球成为朝贡国。"洪武间，其国中山王、山南王、山北王，皆遣使、奉表笺、贡马及方物，二十五年，中山王遣子姪入国学。永乐以来，国王嗣立，皆请命册封，自后惟中山王来，每二年许朝贡一次，每船一百人，多不过一百五十人。"(《正德大明会典》)后来，明朝赐"闽人三十六姓"给琉球，这批擅长航海、造船技术的福建人对琉球的文化发展起了深远的作用。

可是，在1609年，萨摩藩岛津氏侵略琉球，将其统治于麾下；1872年，明治政府将琉球国设置为琉球藩，将国王设置为"藩王”。紧接着，1874 年，借台湾出兵之机，向清朝明确表示琉球为日本领土。1879 年，日本政府派兵至琉球，强行改制为“冲绳县”，正式将琉球古国收纳于近代日本的版图之中。

琉球群岛位于中国东海的东部外围，也是日本扼守向南发展的大门，因此具有重要的海域意义，拥有众多的海洋资源。近世的琉球，便是在这样一种册封体制（中国）与幕藩体制（日本）的夹缝中保留了自我意识，是一个在交错 / 混合的时空与文化下发展了自我的“琉球”。

译者主攻日本近代文学、清末翻译小说，对晚清外交史、琉球史亦有关心。翻译此书时，可谓如临深渊，如履薄冰。译者深知，历史的严肃性不容许有半点差错。加之原著采用日本前近代语言，而非现代日语，所以在翻译的时候，为了尽量保持原貌及符合“十九世纪后期”的特点，译者勉为其难，以浅近文言相对应。其间幸得友人 C 君之鼎力相助，相信不至于过分离谱。然而，因学识粗鄙，用词不当、句式别扭之处恐不能避免，译者切望海内外方家指正与批评。

李艳丽

癸巳夏于乳山

参考文献：

渡口真清：《近世琉球》（《近世の琉球》），法政大学出版局 1975 年版。

田名真知：《冲绳近世史之诸相》（《沖縄近世史の諸相》），ひるぎ社 1992 年版。

豊見山和行编:《琉球・冲绳史的世界》(《琉球・沖縄史の世界》),吉川弘文館 2003 年版。

大田昌秀:《丑陋的日本人》(《醜い日本人》),岩波书店 2000 年版。

藤間生大:《近代东亚世界的形成》(《近代東アジア世界の形成》),春秋社 1977 年版。

代序　琉球处置乃一种奴隶解放也

距今三百年前（即庆长战役[1]之前）的琉球人是完全自主的人民，所以，他们发挥了某种程度的天分。然而，因为介乎两大国之间的悲哀，使得他们不知从何时起坠入奴隶境地，而不能充分地发挥其天分。在此，我简单地叙述琉球民族是如何成为奴隶，又是如何获得解放的过程。

众所周知，三百年前的萨摩[2]与琉球之间纯粹是经济上的关系，但是在庆长战役后，一下子变为政治性关联。也就是说，战争的结果——在尚宁王及其百官成为俘虏滞留于日本期间，机敏的萨摩政治家对琉球王国进行了绵密的调查。尚宁王一行人成为囚徒，在日本待了两年之久，当他们向明治天皇贡奉了誓文三章以后，才终于被释放归国。据说，他们回去后的心情，简直就像是依附于岛津氏[3]殖民地的旅客一般。岛津氏征伐琉球的动机原本在于这些机敏的萨摩政治家清楚地知道，在当时正处于锁国时

---

① 本书中之页下注皆为译者注。一般庆长战役是指庆长二年（1597）正月丰臣秀吉出兵朝鲜之战役。此处指的是庆长十四年（1609）萨摩藩征伐琉球事件。

② 旧国名之一。今鹿儿岛县之西部，萨州。

③ 岛津氏是日本氏族之一，自镰仓时代起一直延续至江户时代。除了以萨摩为根据地的大名家以外，还有很多分家。

代的日本，除了长崎以外，任何地方都不得与外国进行贸易往来。但萨摩却利用了琉球特殊的地理位置，秘密地[①]经营着日清之间的贸易。所以，当岛津氏好不容易战胜后，并不破坏琉球王国，而是依旧保留了“王国的空壳”，将其作为一个进行秘密贸易的机构。岛津氏一方面命琉球人称萨摩为“御国元”（即本国的意思），另一方面命琉球王继续接受支那（按：即中国，下同）皇帝的册封，其原因也在于此。总之，岛津氏之对于琉球的态度是模棱两可的——对于那些因为受了支那的影响而疏远“御国元”的人，施加不可分离的警戒；对于那些因为受了日本的影响而以“御国元”的人自居的人，警戒不可过分亲密接触。简而言之，岛津氏对琉球人一直采取若即若离的态度，希望他们成为一种“暧昧的人类”。这便是为了秘密贸易顺利进行的缘故。事实上，比起琉球人，岛津氏更加热爱琉球这片土地，以至最终实施殖民政策、奴隶制度。据说这一制度建立后，实施政策之初，琉球人非常悲痛。可是，世界上没有比习惯更为可怕的东西。在漫长的岁月里，不论是多么残酷的制度，都具有让人以为是真理的强力。起初，那些琉球人认为从此了无生趣了，但是他们原本却是非常热爱生存的民族，他们不知不觉地从欢乐之中发现隐寓，并形成了一种人生观。当他们驯服于奴隶的境遇后，竟将此视为有意义的生活。他们嘲笑那些因为发誓永远不当奴隶而被萨摩杀害的爱国主义者，甚至他们在组踊[②]中将其设为“坏按司”[③]的角色，成为以此讨取岛

① 圈点为原文所有。下同。

② 1719 年以来琉球的古典戏剧。

③ 按司是明治维新以前琉球的官位之一。

津氏欢心的变色龙。鄙斥地说，不过是36年前，琉球遍地是戴着玉冠、纱帽、五彩巾、紫巾、黄巾、红巾、青巾等各色头冠的美丽的奴隶。可是，他们从未意识到自己是一种奴隶，这对于他们而言，是多么大的幸福啊。

时过境迁。至明治[①]维新，日本人自觉地认为，实现国民性统一的时机到来了。这时候，琉球人的心里自然会对自己的命运将何去何从产生疑问，但他们对这个大问题却又不知不觉。我前面所说的所谓琉球王国，在庆长战役后，名义上是支那的附属，但实质上是日本一个大名[②]岛津氏的属地，实际隶属于本国。不过是为了进行秘密贸易而设置的一个机构。那么，当这一存在的理由消失后，琉球王国自然会发生变化。明治维新的结果，就是琉球王国首先不再是岛津氏的机关，而理所当然地成为日本帝国的一县——鹿儿岛的管辖范围内。因此，琉球处置的问题，不得不由此提出。

我理解琉球处置是一种奴隶解放。但凡是一个冷静思考的人，都会点头认可。可是，已经适应了三百年这种悲哀而黑暗生活的琉球人，一旦被这个探照灯所照，只会感到瞬间失明，继而对这种新的光明产生厌恶，而无尽地怀念过往的黑暗。我最近读了美国黑人伟人布克·托里弗·华盛顿[③]的著作，发现其中有相似的事实。美国在实施奴隶解放时，那些奴隶完全没有自我意识，他们

① 明治时代为1868—1912年。

② 江户时代，直属于将军的俸禄一万石以上的武家称为“大名”。

③ 布克·托里弗·华盛顿（Booker Taliaferro Washington，1856—1915），美国政治家、教育家、作家。1901年出版了《超越奴役》（*Up from Slavery*）。

好不容易获得了人身自由，却不知道将来该怎么办，为此忧虑而哭泣。事实上，对于那种不理解人类应该前往的光明导向，也看不出应该前进的目标的人，你给了他自由，他却反而会悲伤；你将他解放，他却反而不知所措。总之，被赋予了超过其所能承受的幸福，却不能体会其中的恩惠，这就是奴隶之所以是奴隶的原因。对于那些想要知道琉球历史真相的人们来说，希望能够明白——琉球处置的结果，也就是所谓琉球王国灭亡，实际上是琉球民族在被纳入日本帝国之中时才获得了复活。

如果，那时候的琉球人能够站在第三者的立场上好好地审视自己的位置的话，那么，他们就应该为自己与那些通过废藩置县的其他府县一样，沐浴在明治天皇的仁政之下，重新获得被剥夺了三百年的个人自由与权利，获得个人生命与财产的安全保障而满心欢喜吧。《琉球见闻录》的著者喜舍场朝贤氏正是这样一位站在第三者立场上审时度势的智者。可是，与他同时代的人们却只会捶胸顿足地号哭“王国的空壳”，他们决计不会想到这是复活的琉球民族的一个大飞跃。

“死者已矣”，冲绳人并不沉溺于昔年的不幸而大发牢骚。诸位是否知道琉球曾经的奴隶制正是新日本得以诞生的潜在力量？正是因为三百年来萨摩控制了琉球这一宝库，所以萨摩藩每当遇到财政告急，总会从琉球取得补给，获得增殖。这才使得萨摩与长州[①]比翼齐飞，为明治维新大变革做出贡献。事实上，萨摩的武

① 长州，日本古代令制国长门国之别称，今山口县西半部。江户时代，长州藩管辖周防国、长门国，幕末成为倒幕运动之中心。明治维新时，长州藩中政治家辈出，后形成支配日本政治的一方势力——“长州阀”。

士不仅强大，还从琉球获取了成就大业基础的黄金。诚然，无意识地做事可能并不具备道德上的价值，不过，来自琉球的黄金成为倒幕力量的一部分，的确是不争的事实。所以，曾经访问过冲绳的萨摩的伟人前田正名翁，才会在这个意义上发表了这样的讲演吧——“衷心感谢琉球国”。同时也是赞赏琉球为日本帝国所做的巨大牺牲。可是，我们必须知道，这一牺牲给琉球造成了致命伤，即民族性的巨大改变。再具体一点说，就是三百年间被奴隶生活所驯服，完全没有自力更生、独立自营的精神。他们说的“ヤマトヂフェー（大和气早）”，是惊叹与赞美“田国”的人的性子急的语言。他们这样羡慕“大和性急”而自己无力达到，恰恰证明了他们精神上没有解放。冲绳人能温柔地顺从配给的任务，却在被赋予权利之时犹豫不决，其根源就在于此。

总之，冲绳的奴隶解放虽然早在明治十二年就已经实施，但那不过是形式上的解放而已。时至今日，大正[①]三年，冲绳人的精神依旧没有解放。所以，我们也不得不学习布克·华盛顿，像他那样对他的那些丧失了个性、以模仿为本位的同胞们呼吁精神奴隶的解放。近来，有一部分冲绳的年轻人，对自己、对父兄、对长辈、对社会高唱反抗精神，这是他们终于醒悟，要求解放自己的内心的呐喊。这实在是令人欣喜的现象。我衷心地希望，冲绳的青年能够发自内心地根除那种为了自己生存而在金钱与权势的面前卑躬屈膝、牺牲全民族的奴隶劣根性。如果不能根除这一劣根性的话，冲绳人在不远的将来将会重蹈覆辙——陷入奴隶生活

① 大正时代为1912—1926年。

的悲剧。随之，社会灭亡。这世上，没有比社会灭亡更加可悲的事了。这难道不是政治家应当注意的大问题吗?

尘封了三十六年的喜舍场翁的《琉球见闻录》终于公之于世。高兴之余，我写下这样一篇关于琉球处置的文章，谨陈管见。

伊波普猷志

大正三年二月二十七日于病榻

序

我琉球国自古制官设职，未曾有著作编修者焉。[①] 历代政治之得失、人物之臧否、事故之有无，不可得而考也。盖国间于两大，政在世家，有不可直实者。凡制度变故举措云为，大率隐晦灭迹，习以为常。苟有揭著世故，人皆指以为异，而不知修史鉴古之为要。政所之案牍秘藏于府库不敢示国人，是以近世之事，犹且泯没不传，矧前古乎。国人渴闻前古之故事，于和汉则艳说而夸称焉，于自国则眊眊乎不能见焉，不能闻焉，岂可谓善修也哉！二百有余年前，萨兵入国，时有喜安者扈从尚宁王之驾，北至于日本而著日记。录事多阙略，百而传一；行文缺要领，浮以伤实，庶几乎不足名以为史矣。然而除此之外，未曾有可见当时世态变故者矣。今般有废藩置县，事宛出乎尚宁王之覆辙，实千古未曾有之一大事变也。予叹其事与岁时共销磨，隔世则莫以可考征。故茅檐之下，家计之暇，窃执史氏之笔。八年间，凡与日本之所关涉，随见随眷，随闻随笔。值有一事，必综实订讹，言简意详，毫不效稗官者流之好为丽饰，务悦人之耳目之习。日久而文字堆

① 本书除极少汉文外，皆无标点。段落之间亦无空行。译者进行标点、安排行款。下同。

积，即编次为四卷，目之曰《琉球见闻录》。一己之耳目有限，数年之事故无极。身在乎局外散闲之地，书成于旁观侧闻之余，刍芜材菲识，固非能可囊括得者矣，亦将不免阙略持多，脱漏不鲜也。然未尝不可见当今世态变故之概略焉。嗟乎，予固知直笔招咎之罪不可逭，而有稗〈裨〉乎后世秉鉴之万一，则幸甚。

时大日本明治十二年、大清光绪五年、尚泰王三十二年，

岁次己卯季冬琉球国喜舍场朝贤序

凡　例

一　此书编次所使用之年月皆为旧历。虽国人对日本使用太阳历，但自己日常只使用旧历。

一　凡年代标记必揭日清年号，因琉球尚未断绝两属关系。

一　琉球虽隶属日清两国，然古往今来，法令禁制等，皆自我管治，宛若独立不羁之容。故指皇国言日本，称自国为琉球，国人日用言语皆如此。卷中，日本琉球之分称，乃依据风俗习惯之现状。

一　卷中应对、辩论之处，一概采用书翰。其书翰，悉全文揭举。虽不堪其繁剧复杂之烦，却不敢削减之，恐失当时之实状真况。

琉球见闻录　卷之一

明治五年壬申
（清同治十一年，尚泰王二十五年）

三月，岛尻郡真和志间切[①]安谢村比屋定山出现一神人。比屋定山在铭刈御殿之西南三四町[②]外。此日，细雨阴晴，夕阳西下。神人约二十余岁，面色白皙，须髭未生。红袍玄冠，容貌甚为端凝。平芜面北跪坐，两手置地，如向北辰行礼，肃然不动。泊村之儿童五六辈，于一旁水田俯身捕鱼。一儿见之，呜呼一声，群儿皆举头望之。皆心曰：是必王侯大人，何以不见卤簿侍从乎，以为奇异。神人听其呜呼之声，从容转首，见群儿。乃起身，飘然缓步，入一旁古井，倏忽不见。此井云壶井。群儿奔走，告知乡里之父兄，向藩厅具陈始末。

七月，王叔伊江王子遣法司官宜野湾亲方往东京，奉贺皇政

---

① 间切：琉球国行政区划，由数村组成。琉球处置后延续了一段时间，1907年废除。

② 町：表示距离之单位。也指街道，市场。

维新。我琉球自古未尝有向天皇陛下朝觐之礼。今般皇政维新之际，朝廷乃风[①]鹿儿岛县，使球人入觐。鹿儿岛参事大山纲良（此时鹿儿岛县尚未设置县令，参事掌县治）遣权典事[②]右松祐永、权[③]大属[④]今藤宏携书，对我王晓谕。其书如下：

鹿儿岛县参事大山纲良谨致书于琉球国中山王座下：

琉球自先王以来，世服属于我乡。当德川氏之宰天下，先王每遣王子从藩侯如江户，朝见于幕府，略如藩臣之礼。前年德川氏谋不道，自取祸败，于是王室始中兴。天子躬总揽乾纲，振举百度，以欲与宇内强国对立。乃更察时变，惩积弊，遂废藩置县，四海同轨，政令画一，国势骎骎日进于文明之域。海内翕然，靡不向化矣。琉球在幕府僭窃之时，犹且行朝见；而况当王室中兴之时阙焉，不修朝贺之礼，甚非所宜。在我亦无辞于朝廷。琉球素贵礼教。自先王事我，具尽恭顺，我之待琉球亦不为不厚。今当此国势一变之时，欲使王更缵前绪，以不失我之欢心，保境安民，以传福祚于无穷，此其事莫急于入朝者矣。故今特命权典事右松祐永、权大属今藤宏为使，赍书以往，布以腹心。然是非专出于纲良私意，其实有所受朝旨，义不容暂缓，王亦焉能得晏然而安乎哉？书至之日，其丞命王子与两使俱共来。抑昔时王子

① 风：风化，教化。
② 典事：官职。
③ 权：表官位。
④ 大属：官职。

之来，其仪仗甚盛，贡献极丰，其费用盖不赀。今也朝廷庶事皆务从简省，四方进献，唯取其表信。虽至尊，其出也，从臣不过十数人，大臣从者不得过一人。凡此皆非自轻其位，乃所以宽民力、养国本也。故今王子之来，亦宜悉改前规。扈从重臣限以三四名，其他从者止足给事。凡百事简之又简，不致耗财用、烦民力，此亦王所以示承朝廷之化也。俟王子到，此即当命有司[①]护送至东京，往返俱如此。愿王察纲良之诚，速发遣王子，勿迟疑以自贻悔焉。

壬申秋七月三日

鹿儿岛县参事大山纲良再拜琉球国中山王座下

国王乃遣王叔伊江王子（唐名尚健）为正使，法司宜野湾亲方（实名朝保，唐名向有恒）为副使，日帐主取（官名）喜屋武亲云上[②]（唐名向维新）为赞议官，俱往东京。○此时，三司官为宜野湾亲方、川平亲方（朝范向麟趾）、龟川亲方（毛允良）。据三司官奉使命之例规，宜野湾亲方此前已两度奉萨州之命，此番当免使命。川平多病，不堪梯航艰难，而命龟川为副使。然龟川年逾六旬，衰老而难堪使命，以病辞之。故改命宜野湾。龟川蛰居不朝数十日，终辞官。众官投票，荐浦添亲方（朝昭向居谦）任法司（古来例规中，唯法司为投票荐举）。○从前幕府之时，国王践祚之谢礼，将军缵统之庆贺，必遣王子、使者往江户。王子为正使，亲方为副使，日帐主取为赞议官。其随行，仪卫正一名（命久米村人任

① 有司：官人、官吏、官署。

② 亲云上：琉球王国士族称号之一。相当于中级士族。戴黄冠、插银簪。

之)、掌翰使一名、使赞六名、乐正一名、乐师五名、乐童子六名(命十四五岁之贵族之子弟任之)、路次乐人及从仆，凡百名。贡献、赠贶、旅装、行李，不胜枚举。实国家之重典，国力不相应之费额，故不能一朝支取，必自四五年前起，对国中赋课征以充之。且江户往还之仪仗使者，自驾丹毂凤辇、奏乐、导行使者至从仆，皆着支那冠服，恰似支那人入觐之观。而今随萨命，裁省贡献、仪仗。与前例相比，至简之极，仅三十余名。

七月，国使与萨使右松氏等，俱驾汽船丰瑞丸，抵鹿儿岛，即向大山参事呈国王书翰。其书如下：

琉球国中山王尚泰为咨谢事，窃照本年七月十二日，正使右松权典事、副使今藤权大属，来到敝国，本爵恭接贵县大山参事咨文，捧读之下，不堪忭欢之至！伏念王室中兴，总揽乾纲，振举百度，四海同轨，政令画一，即应趋赴凤阙，肃修朝贺，以伸向化之忱。奈职守藩封，地逾渤澥，未由凫趋，遂缺燕贺之礼。今贵参事特遣正、副两员，齐捧简书，惠示遣使朝觐之意，此恩此德，曷胜愧感！特遣伊江王子尚健、宜野湾亲方向有恒等，虔捧国翰，备菲物进呈黼座，恭行庆贺之礼。更有希冀者，下国使臣于上国礼义未得惯熟，仗请贵参事，俟其到县之日，一切礼节，逐细教示。不但使臣等得免缺礼之责，即至本爵亦□□□不既矣。理合伸谢，为此备咨贵参事。请烦查照施行，须至咨者。

上咨鹿儿岛县大山参事

壬申七月琉球国中山王尚泰再拜

八月，国使等由右松、今藤两人护送，俱驾三邦丸，从鹿儿岛港出发，九月抵达东京。朝廷乃宠异球人，空出华族毛利氏之宅邸，让其馆宿。外务省官吏及庖丁、夫卒，均在馆内勤务。每日以官费供盛膳，且屡屡招至胜景美观之处款待。天恩之重渥，不胜感戴。

国使等谒觐天皇陛下，献上表文贡物。表文贡物如下：

恭惟皇上登基以来，乾纲始张，庶政一新。黎庶沐浴皇恩，无不欢欣鼓舞。尚泰在南陬，伏闻盛事，欢忭至胜。今遣正使尚健、副使向有恒、赞议向维新，谨修朝贺之礼，且贡方物。伏请奏闻。

壬申七月十九日

琉球国王尚泰谨奏

一　唐笔　　三匣
一　唐墨　　一匣
一　唐砚　　二方
一　唐画　　二轴（刘松年、赵仲穆）
一　细嫩乌纹麻布　　十端
一　细嫩白纹麻布　　十端
一　白大纶　　五匹
一　红白缩缅[①]　　十卷

① 缩缅：日本特有的一种丝绸。

一　金丝龙纹缎子　　一匹[①]

一　金丝龙纹纱　　一匹

一　青贝料纸砚箱　　一个

一　烧酒　　十坛

向皇后陛下进奉表文方物如下：

恭惟皇后位正中宫，德配至尊，母仪天下。四海日进文明之域，黎庶乐生安业。尚泰在海陬，伏闻盛事，欢忭至胜。今遣正使尚健、副使向有恒、赞议官向维新，谨修庆贺之礼，且贡方物。伏请奏闻。

明治五年壬申七月十九日

琉球尚泰谨奏

一　细嫩乌纹麻布　　五端

一　细嫩白纹麻布　　五端

一　白大纶　　五匹

一　红白纱绫　　十卷

一　红白缩缅　　十卷

一　金丝龙纹缎子　　一匹

一　金丝龙纹纱　　一匹

一　烧酒　　五坛

① 匹：中国古代计算布帛的长度单位。二丈（或六丈）为端，四丈为匹。

正使向天皇陛下献上。

一　细嫩乌纹麻布　五端
一　细嫩白纹麻布　五端
一　缟绸　五端
一　圆金绢　一匹
一　烧酒　五坛

副使向天皇陛下献上。

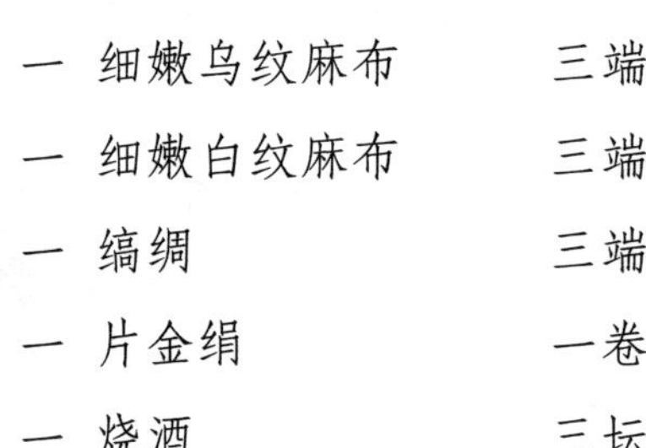

一　细嫩乌纹麻布　三端
一　细嫩白纹麻布　三端
一　缟绸　三端
一　片金绢　一卷
一　烧酒　三坛

赞议官向天皇陛下献上。

一　细嫩乌纹麻布　二端
一　细嫩白纹麻布　二端
一　缟绸　二端
一　烧酒　二壶

国使三名向皇太后陛下献上。

一　细嫩乌纹麻布　　五端

一　细嫩白纹麻布　　五端

一　缟绸　　五端

一　纱绫　　五卷

一　白罗　　一卷

一　片金缎子　　一卷

一　烧酒　　五壶

国使三名向皇后陛下献上，同皇太后陛下。

此朝觐之日，向国使颁发加封我国王为藩王之敕诏。敕诏如下。

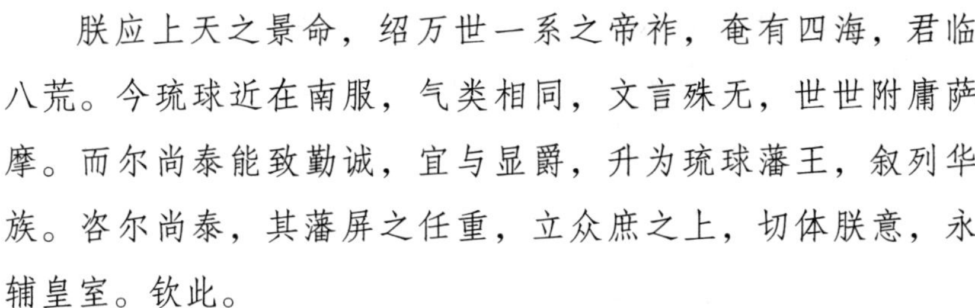

朕应上天之景命，绍万世一系之帝祚，奄有四海，君临八荒。今琉球近在南服，气类相同，文言殊无，世世附庸萨摩。而尔尚泰能致勤诚，宜与显爵，升为琉球藩王，叙列华族。咨尔尚泰，其藩屏之任重，立众庶之上，切体朕意，永辅皇室。钦此。

明治五年壬申九月十四日

天皇陛下钦赐琉球藩王。

一　大和锦　　五卷

一　游猎枪　　三支

一　鞍镫　　一副

同上，赐琉球藩王夫人。

一	大和锦	五卷
一	景泰蓝大花瓶	一对
一	新制纸敷物①	三张

同上，赐正使。

一	天鹅绒	五卷
一	西洋地毯	三卷
一	白缩缅	二匹
一	紫缩缅	一匹
一	景泰蓝小盆	二个
一	松岛莳绘②文台③砚箱	一套
一	新货币	二百元

同上，赐副使。

一	大和锦	三卷
一	白缩缅	一匹
一	绯缩缅	二匹

① 敷物：指地毯、草席、坐垫。此处大概指草席。
② 莳绘：在器物的表面用漆绘画，加以金银等金属色粉，是日本独特的漆工艺。
③ 文台：放置书籍、砚台的台子。

一　红绢　　五匹
一　景泰蓝盘　　二个
一　莳绘花台　　一个
一　新货币　　一百五十元

同上，赐赞议官。

一　大和锦　　二卷
一　红绢　　五卷
一　红白缩缅　　二卷
一　莳绘料纸砚盒　　一套
一　景泰蓝钵　　二个
一　新货币　　一百元

同上，赐陪从之士亲云八人。

一　八丈缟[①]　　各二端
一　新货币　　各二十元

同上，赐陪从之士里之子等十二人。

一　八丈缟　　各二端

① 八丈缟：八丈岛所制作的绢织物。

一 新货币	各十元

同上，赐陪从之下人十四人。

一 新货币	各一元

皇后陛下赐琉球藩王。

一 金地[①]织天鹅绒	二卷
一 博多织	三卷
一 西洋地毯	三卷

同上，赐琉球藩王夫人。

一 天鹅绒	五卷
一 西洋地毯	三卷

皇太后及皇后陛下赐三名国使。

一 砚匣文台	各一个
一 钟	各一个
一 印盒	各一个

① 金地：在纸、布、漆器等质地上押上金箔或涂上金泥之物。

一　缀棉胴乱[①]　　　　各一个

一　缀锦烟草盒　　　　各一个

一　烟管　　　　　　　各一个

一　蝙蝠扇[②]　　　　各一个

太政官颁发如下知达[③]，向国使交付金三万元。

琉球藩王尚泰：

为藩内融通，下赐货币三万元。

明治五年九月二十日

琉球原来由萨摩管领，今者为朝廷之藩国，贡聘皆得以立即自达东京。相关事务皆为外务省管理。○下赐宅邸，为琉球人出京寄寓之所。此宅邸乃从四位[④]岛义勇以私宅与官帑购得，其达书如下。

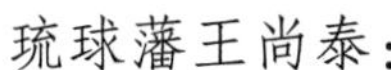

琉球藩王尚泰：

东京府下，饭田町檎木阪之宅邸一圆[⑤]下赐也。

明治五年九月二十九日

① 缀棉胴乱：用皮革制作的方形小袋。

② 蝙蝠扇：古代纸扇。

③ 知达："达"为通知的意思，如"通达""达书"等词。为区别日文中的"通知"一词，本书翻译时保留"达"字的使用。

④ 从四位：官职。

⑤ 一圆：指方圆一带。

朝廷向藩王及三名国使赐冠服各一套，且以一等官待遇藩王。其达书如下。

琉球藩王尚泰：

今起受一等官之待遇。兹此传达。

明治五年九月二十九日

琉球藩：

先年以来，其藩与各国缔结条约及今后交际事务，皆由外务省管辖。

明治五年九月二十八日

国使等见副岛外务卿，云：琉球为萨人管领，不堪其赋税重敛，国民疲敝。业已为天朝之直辖，切望垂爱特恩，减省贡物。且大岛、德之岛、喜界岛、与论岛、永良部岛，本隶属于我琉球。昔庆长年间，为萨人所押领，此五岛亦乞返还于我。副岛卿曰：经同僚协议，宜为琉球处置。国使等喜极不寐，此事速传琉球，士民欢抃[①]，翘首以待佳音。其后，五岛返还之事绝，不见动静。贡额之事，翌年定之。

此时，将小笠原岛下赐于琉球。其岛貌物产之图书及管理处理之账簿，交付于国使。见其图籍，其岛位于伊豆南海二百余里，诸多小岛森罗排列于海面。有父岛、母岛、兄岛、妹岛等称号，形状最似我庆良间群岛。植物鱼类等物产不鲜。初发现此岛之时，无一

① 抃：两手相击，鼓掌，表示欢欣。

人栖居，故称无人岛。后幕府遣小笠原某氏，带领几多农民开拓移居，取名小笠原岛。然土地狭隘、岩石林立，至今寄居者不多。今琉球虽得之，因距离遥远，管理不易而置之度外，未做任何处置。○十月，国使事竣，驾汽船三邦丸从东京品川出发，泊伊豆下田，又停泊于大阪数日，回鹿儿岛。因无往琉球之便船，而逗留其处。○十二月，琉球来通知，任命正使伊江王子为摄政。

明治六年癸酉
（清同治十二年，尚泰王二十六年）

正月，国使等驾汽船（商船）从鹿儿岛出发，洋中遇风波。船旧渗漏，甚是危急。国使与从仆、船户皆剪发髻，念祈神明。凡三昼夜，风波稍静，得以到达喜界岛。初，朝廷派遣至琉球之使者，乘汽船宁静丸，与国使之船一同从鹿儿岛出港。船体坚固，乘风破浪，安然无恙，乃至喜界。国使三名移驾之，径直归国。随行人员移驾于停泊其地之帆船，待顺风。二十余日后，从喜界出发，三月一日归国。○此任之副使宜野湾亲方，天性聪敏，气度宏敞，以和待人，人亦无不爱慕。最擅和歌，兼长和字，与著名八田知纪先生有师友之义契。所到之处，骚人墨客咸来，延请相友，率无虚日。天皇陛下于吹上离宫设歌御会，命琉使三名出席，下赐盛宴。而天皇陛下、皇后陛下之御制宸笔短册、参集之命题、即席题之短册，皆下赐于宜野湾。此一盛会，蒙天皇陛下临幸，有栖川亲王、三条太政大臣、副岛外务卿、德大寺宫内卿，其他旧大藩主华族等，凡二十余员出席。八田知纪先生七十余龄，犹壮健，取点者之役。实

乃至高名誉之歌会。宜野湾亲方呈上命题之歌如下。

水石契久[①]万世御代坚，如岩扎我心。有如白系瀑[②]，绵绵流无期。朝保。[③]

朝贤为藩王之侧役，正使伊江王子向藩王请之为幕宾。往还随行，作观光日志。○三月，驻扎东京使、与那园亲方（良杰马兼才）伴随役五名抵东京。拜阙下，奉贺年首。在勤办理庶务。此称东京诘[④]年头使。前萨摩管领之时，遣年头使往鹿儿岛，每年交替勤务，是为古来例规。此后，休鹿儿岛，而转至东京勤务。○此时，朝廷有命，琉球贡米额为八千二百石，每年以大阪市中米价定其价格，规定将其金元交纳于大阪公库。○四月，以三司官浦添亲方为谢恩使、日帐主取大宜味亲云上（朝昆向嘉勋）为赞议官，遣往东京。携表疏，对封藩王、叙华族及一等官待遇等修谢恩之礼。十二月，使事毕，归国。○此年二月，国内大旱，首里三平等（首里分为三部：东区为南风平等，西区为真和志平等，北区为西平等。俗称北为西）之主部（女神职之名。在真和志，称真壁主部；在南风，称首里主部；在西，称仪保主部）及宫女十数名，参集于王宫后庭，击鼓拍掌祈呼，朝暮不间断。如此七日。又首里各村之平民男女数十名，每日交替参集于三平等

① 此为歌题。

② 白系瀑：日本名瀑，位于富士山。

③ 此为和歌，原文：水石契久　動きなき御代をこゝろの巖か根に掛けて絶えせぬ瀧つしらいと　朝保。

④ 诘：值勤。

主部之官邸，照前样祈雨七日。又各间切各村男女数十，参集于其他神森，祈雨如前。三月，犹不降雨，祈雨如前。七月，亦大旱，祈雨如前。一年之中三大祈雨，古来未曾有，人人无不觉怪异。

明治七年甲戌
（清同治十三年，尚泰王二十七年）

正月，宫内省出迎年言志之歌题，征琉球人之歌。宜野湾亲方受之，问藩王。下命首里那霸泊久米村诸士参会东苑。十八日，藩王临幸东苑，百尔众官陪侍。缙绅布衣百余人参集，各咏迎年言志之命题和歌、琉歌、汉诗，即席咏莺出谷之新题。和琉歌经宜野湾、汉诗经津波古亲方（曾为官生，入支那国子监读书，今藩王之侍讲官）检点校正，于藩王御案前，讲读师一一朗诵，达于尊闻。赐各参集者茶果。实为古今未曾有之文会盛事，举国士人无不感发。我国自古学和歌者甚少，传名者仅惣庆亲云上、平敷屋亲云上、识名亲方、登川亲云上数人。今宜野湾倡歌道，鼓舞士人。每月家庭开歌会，参集者殆百名。歌道之盛，自古罕比。〇此月，朝廷通知，琉球藩事务今起交内务省管理。初，琉球事务为外务省之管理。因外务省乃处理清国及西洋各国交际事务之处，恐琉球隶属日本之事败露于各国，对清国交通产生妨碍。故让琉人自向朝廷请命，辞外务省之管理，改属内务省。〇二月，驻扎东京使者津波古亲方赴东京。〇三月，与那原归国。朝廷有命，三司官相当于奏任官；又摄政官为四等官，三司官为六等官。〇四月，陆军中将西乡

从道[①]率军，膺惩台湾生藩。初明治四年，琉船三艘赴宫古岛，洋中遇逆风，漂泊至台湾生蕃牡丹社之地。触礁船破，七十余名漂泳上岸。为生蕃人剽掠杀害，仅十数名遁逃，稍至福州，得以生还。朝廷为缔结条约之事，遣副岛外务卿往清国。其时，责台湾生蕃杀害琉人之罪。清国政府云：生藩乃化外之地，非我照管之处。是以西乡中将率军发向台湾，直进击，降服十八社。台湾总督遣属官云：生蕃亦我所辖，示图籍。西乡中将驻军，急报朝廷此旨。七月，内务卿大久保利通往清国，责前言之龃龉，领收军费偿金及被杀害者之妻子抚恤金五十万元，归国。〇十月，三司官川平亲方卒，众官投票荐举池城亲方（安规，毛有斐）继任。〇十二月，大地震。盖朝廷颁发招三司官之命令时。

明治八年乙亥
（清光绪元年，尚泰王二十八年）

正月，朝廷来命令，招三司官一名及与那原亲方。盖此时琉球官中通晓日本语者甚少，唯与那原娴熟。三司官池城亲方、与那原亲方、锁之侧[②]幸地亲云上（向德宏），在随役八名之陪伴下，驾汽船，于十一日从那霸港开洋，赴东京。不知今者朝廷命令所为何事，上下皆恐惧而不知所措。藩王乃派遣众官吏至国内各处

---

① 西乡从道（1843—1902）：日本武士（萨摩藩士）、军人、政治家，西乡隆盛（1828—1977）之弟。西乡隆盛与大久保利通、木户孝允并称“维新三杰”。

② 锁之侧：为执掌外交、文教等事务的官厅和长官名。

寺院，向佛神岳森祈愿。又令国中人民，各自祈愿之。○池城等抵东京，朝廷乃传旨，当藩须与清国断绝交通。琉球数百年来承清国恩义，以无绝进贡之理由，频频请愿，不被听许。○十九日夜，地震。○四月，朝廷遣官吏，对先年为台湾生蕃所残害之琉人六十六名之妻子，下赐抚恤米一千七百四十石。○此月，池城等遣随役归藩。听闻必须与清国断绝交通之朝命，藩王大惊。胸膈否塞，饭食不能下喉，日日只下水酱少许。诸医百方疗治，不见其效。众官吏、国人亦胸疼失措。三司官对国中下令，命家家各自向神佛祈愿藩王快愈。藩王粒食不进百余日，幸无恙。此时无牛乳，亦不知此用法。

太政官发来如下通知。

琉球藩：

为其藩内保护，置第六军营熊本镇台分遣队。兹此布达。

明治八年五月七日

五月十一日，渡清琉船自福州归。同治皇帝驾崩之白诏、光绪皇帝登基之红诏齐来。○此月，三司官宜野湾亲方因病辞职，众官投票荐举其后任为富川亲方（盛奎毛凤来）。○六月八日，朝廷使者内务大臣松田道之、六等出仕伊地知贞馨及随行官吏五六名，驾汽船大有丸，至国。在京之池城、与那原也同船归藩。朝廷特旨，将此大有丸下赐与琉球藩。○十二日（新七月十四日）松田大丞为传使命，携伊地知六等出仕随行员，拜访首里城。藩王寒胸，处病中，以王弟今归仁王子（朝敷尚弼）为代理，摄政三司官及众官按司、亲方、有职之官吏数十名，参集列席于南殿，见朝使。松田大丞乃一一朗读三条太政大臣之书翰及己之说明书。毕，向今归仁王子授其书如下。

琉球藩：

一 其藩从来倡隔年朝贡，向清国派遣使者，或于清帝即位之节，差遣庆贺使，例规有之，今起禁止。

一 藩王更换之节，从前受清国册封，今起禁止。

如上须知，兹此布达。

明治八年五月二十九日

太政大臣 三条实美

琉球藩：

一 藩内皆奉明治年号。年中仪礼等，皆按御布告遵行。

一 刑法按定律施行。因此调查，可派担当者两三名上京。

一 藩制改革，按另纸施行。

一 为修业学事、通知时情，可选少壮者十余名上京。

如上须知，兹此布达。

明治八年六月三日

太政大臣 三条实美

琉球藩职制

一 藩王　　　　一等官

为敕任官

一　大参事一员	四等官
一　权大参事一员	五等官
一　少参事二员	六等官
一　权少参事二员	七等官

以上为奏任官。当据藩议，人选具陈，宣下。

一　大属	八等
一　权大属	九等
一　中属	十等
一　权中属	十一等
一　少属	十二等
一　权少属	十三等
一　史生	十四等
一　藩事	十五等

以上为判任官。当据藩议任命，呈报。

一等外　　一等　　二等　　三等　　四等

俸禄皆以藩费适宜给与。

说明书

不才今者奉政府之命，来当藩之意，乃递阁下另纸御达书，尽力使阁下速遵奉其条件。故就今者之事属、百般之手续，当接受适宜处置之委任。深思熟虑，今者御达书之条件，于当藩为非常事件。藩论若或对之有异议，徒作主张议论，恐蒙违背命令之名。然其时，首先阁下对政府不仅将失事奉之名分，政府命不才越此远洋，被差遣之厚重御意亦将成徒劳之事。如斯，绝非阁下之本意。然若不速遵奉，审究条理名分，当知不宜理势。此为阁下及藩下人民所切望之处。乃于另纸御达书，另加拙论。琉球国之事，常见于六国史[①]《上记》[②]诸书。论其土地，位于萨摩大隅诸山之绵亘断续之处，地脉相连。自古昔乃我日本政府之管内，历历可证。然中古以降，我朝政权归武门，兵马骚扰，无暇绥抚遐方。当时琉球国王自行与明朝相通，后又与清国相通。凡五百年间，为两属之国，实非条理。然古今势异。以当时之势，政府之谴责或可免。尔后，天下形势次第变迁，已历七百年。现已挽回既失政权，成御亲政之世。与欧美诸国及清国缔结条约，彼此互派公使勤务。大改昔日之面目，百事宇内之条理，必照万国之公法。乃如琉球一国受制于两政府等，于条理及公法皆宜改。故，明治五年将此国设为藩，阁下被任为藩王、一等官，列于华族。诸如此类，即对内部之部分，多少着手。然对清国干涉条件，即对外部之部分，尚未完全脱旧制。内部之部分，亦有待处置。今者，仅对不可等待之条件，着手而成。殊琉球之地良好，似独立之形，为亚细亚航海之便。企图将此地作为修船场之国，往往有之。若我日本政府不明确表示版图，恐关系当藩存亡之前途，附于另纸说明。固当藩之情况，政府虽洞彻十分，然如前所陈，百事皆出于不得

① 六国史：奈良、平安时代编纂的六种官选史书。

② 《上记》：古史、古传文书之一。学界视之为伪书。

已。世上沿革，气运使然。国家之事，亦须从其沿革而裁断。望阁下能明此理，审此势，速遵奉御达书之条件。现对此御达书之条件作如下说明。

一　以往倡隔年朝贡，向清国派遣使节，在清帝即位之节，遣庆贺使，成规有之，今起列入被禁止之条。

时势次第变迁。今既已为御亲政之世，应大改昔日之面目，百事照宇内之条例与万国公法御处置。屡屡如前所陈，当藩之两属暧昧体面须断然改正。若不明确我日本政府之版图条理，于政府，等待我版图上之国，乃失体面；于当藩，失去事其本属政府之体面。其结局，造成日本政府之体面缺损。此势一日亦不可放置。乃如朝贡及庆贺使等，速遵奉被禁止。

一　藩王交替之节，从前接受清国册封，今起列入被禁止之条。

既成我政府之版图，无受清国册封之道理。因之被禁止，当速遵奉。

一　藩内奉明治年号，年中仪礼等，皆按御布告遵行之条。

既成日本政府之版图，不言而喻，应奉此年号，遵行此年中仪礼等。就中年号，以往皆按国奉行。然对我日本之事件，奉此年号；对清国之事件，奉彼年号。视此等惯行，奉行我年号纯属名义，尤不能免清国关联。虽势不得已，既已绝之，当废彼奉此，即对内外皆奉行此年号仪礼。

一　刑法按定律施行，因此调查可派担当者两三名上京之条。

刑律制定为天皇陛下之专权，非府藩县得以制定之物。

故当藩将从前适宜之制定皆废之，而遵行政府之定律。然虽决遵行，若不研究其一种学问，则不易施行。是以当速遵奉派担当者上京调查之事。

一 藩政改革之条。

当藩之体裁，以当今事实而论，则立君国。其人民为藩王之臣民，藩王固为天皇陛下之臣，且自天皇陛下接受藩屏之任，统抚其人民之任。其人民，对天皇陛下，即对所谓大君有侍奉之义，与维新以内之诸藩体制无异。又，从政治本义而论，非先有藩王而后有人民，乃先有人民而后有藩王。即天皇陛下为人民而设置藩王，令其统抚。故至其大制，当出自天皇陛下之制御。当今府藩县制度体裁，与其义不协，与其体不合，当改。此要件今起改正，则改官名，立敕奏判[①]位阶，定藩制体裁。就中，藩王当自执藩政。不问其长幼，常有摄政官，最为不当之义。如此等亦为改正之要件。

一 为学事修业、时情通知，择少壮者约十名上京之条。

熟视当今形势，藩政自不必说，藩内人民之知识、情况，若不能随其改革而开明进步，遂至国家不能维持。要使其开明进步，则在研究文明之学事，审明沿革之时势。今内地景况，文运次第开放，时势次第更新，骎骎乎有所视。故今起选少壮敏才者，留学内地。随其得业，可为藩从事。如此不绝，将大有益于藩内。是有此命，当速遵奉。

① 敕奏判：是日本明治时期施行的官制。在文官的官阶中分为亲任官、敕任官、奏任官和普通文官判任官。

今者御达书中虽无明文，然其中自有含蓄条件及政府命令。阁下当自奋发，尽其本分。关于此条及此前已御达之条，说明如下。

一　废除福州琉球馆之事。

此件已含蓄于朝贡被禁止一条中。既已绝朝贡，则公馆无存在之道理，当御废之。尤馆中向有商业之事业，幸清国为条约国，就商法上，人民往来稽留之事受我在厦门领事之管辖，无碍。若人民如从前致商业之事实，当申报。

一　阁下上京谢恩之事。

此件关乎阁下当自发奋，尽其本分之事。当藩之下人民，常有漂泊至台湾岛，而为土蕃残害之事，实不能置之度外。长期以来，为免受其害，遣使节与清国谈判。费巨万金额，遣问罪之师，战死病殁者不鲜。其时，清国有异议，更遣大使。幸谈判而决合议，征蕃之役，彼政府视为义举。盟旨：今后开化蕃民，不对航客加灾害，以我方意图进行处置，并出抚恤银。其间，屡有破裂之势，御决定若彼挑起战端，则不得不应对。圣上忧虑，政府诸臣苦心，皆为保护当藩之下人民之事。然其藩王在任，为其管民，当速上京谢恩。当藩之体，若与其他内地府县同一制，固无为管民上京谢恩之义务。管内人民即政府统抚之人民，为保护其人民，无论如何重大事务，其管辖长官亦无上京谢恩之理。然今当藩异之。就其事实而论，其人民自成藩王之臣民。其管民若受本属政府之非常保护，则其藩王当自上京谢恩。政府于疆域设置藩王，使其尽义务。阁下当事君主国王之本政府，此乃国体不

可或缺之要件。故速上京，履行藩王义务。否则，自然与其他内地府县长官待遇相同，阁下将自失藩王待遇，势必令藩之待遇改革告急。故阐明前件之条理，切望当机立断，从速来京。

一 设置镇台分营之事。

此件已御达。政府经营国内，常在其要地所在设置镇台或分营，以备其地方之变。此乃保护政府、国土、人员安宁之本分义务，绝无拒绝之权利。是断然御达。藩内姑息之人或言，夫琉球乃南海一孤岛，不论为何等兵备，设何等方策，皆无抵挡敌国外患之力。若此小国示以兵力，反将成招徕敌国外患之本，国遂危急。毋宁无兵无力，惟以礼仪柔顺对外，所谓柔能制刚以保国。此言与将琉球视为一独立国，有独立抵挡他国之责论调相似。其见识亦大谬。琉球既为此政府版图上之一国，无独自抵挡他国之责。无论其强其弱，皆日本全国之责。琉球之敌国外患，政府非以琉球一国之事处置，即以日本全国之力抵挡之。彼亦非以琉球一国为敌，而视日本全国为敌。故岂能以琉球一地方之形，论防敌国外患之得失乎?

上述各件，以深远之庙谟确定。若拘泥旧格，无论如何陈述苦情，也绝不御采用。当速遵奉。此为阁下及藩属人民希望之至。

明治八年七月十四日（旧六月十二日）

内务大丞 松田道之

琉球藩王 尚泰 殿

藩厅众官吏见此书，大惊，失魂落魄。池城、与那原等对大丞曰，此御达书之旨意，关系至大至重，非能即答，须深思熟虑，后日当奉返辞。松田大丞诺之，一行回那霸旅馆。满厅众官议论纷纷，意见百出，朝暮喧嚣不绝。如此数日，渐得以决定。其要旨：为调查刑法派担当者上京；为修业学事，通知时情，派少壮者上京之件，对天朝（指清国）并无故障，可惟命是从。又，为台湾征伐之谢恩，藩王上京之件。王位至重至严，当常在九重之内。岂有此轻御体，往他方旅行之理乎。何况目下在病中，不堪千里航海，宜遣王子为御代理入觐。只隔年遣使节向清国进贡，或于清帝即位之节差遣庆贺使，且藩王更替之节，接受清国册封等件，必竭力固辞。进贡乃我国往古之重典。且自前明起，待我甚为优渥。迩来，每当国王缵统之时，不畏波涛险阻，遣钦差赐王爵。每逢隔年进贡，赏赐丝绸货币物件，不胜枚举。及至清朝，优渥之上更加优渥，恩义昊天，岂有忘恩背义，绝朝贡之理乎？况我琉球孤立于辽远洋中，国土褊小，微弱不可自保。归于清国版图，以其保护声援，而无内忧外患，自立建国。古来风俗礼乐刑政，有自由不羁之权利。上下雍睦，安生乐业。若一度脱离清国联系，自然将失自由之权，掣肘拘束，国家不可永久保全。然则进答词，当先后斟酌权衡，自浅入深，自易入难。六月十五日（新七月十七日）摄政伊江王子，三司官富川、池城、浦添各亲方及锁之侧屋官喜屋武亲云上，一同下那霸，抵松田大丞之旅馆。述征台谢礼之义，将由今归仁王子代替藩王上京。呈上口授书如下，大丞承诺之。

口授书

就当藩人民等于台湾被杀害之事，蒙垂恩御征台。战死病殁等，御费用之外，不断增添麻烦。对御盛意，藩王及人民感戴不胜。本拟直上京申述御礼，然藩王病体心气弱，时时有失眠之烦。自春季弥增，食事困难，胸塞气闷。自五月末起，有哽噎之状，食物难以下咽，一度情势危急。施以各种治疗，先给以汤粥，稍有好转。然于今饮食依然难进，暂时不能远路航海。医师尤其叮嘱，病中渡海难以痊愈。故如另纸申告，奉愿暂时延期（此处按大丞指示添笔）。请求特别延期，惶恐之至。谨以今归仁王子为代表，谨申御礼，恳愿御听。

明治八年七月十七日 富川亲方 池城亲方

浦添亲方 伊江王子

内务大丞 松田道之[①]殿

藩王素禀心胆气弱，屡服天王补心丹、归脾汤等方调养。近来思虑过度，性情抑郁不畅。本年五月因事大惊，猝然胸塞绝食两天，到第三天欲强食，碍于胸膈，咽不下吐不出，唯饮冷水茶汤等，恰如噎嗝之症。识是忧虑之气结于胸臆，聚而成痰，胶固上焦，食道狭窄不能转宽之所致也。乃用解忧化痰药稍得效。然经四十余日，饮食未进，有时惊悸怔忡，夜卧不安。尚虽用补血养心之方以调养，未见急愈焉。

七月 医师 渡嘉敷亲云上 通睦

谱久岛亲云上 全彬

① 原文为“松田道方”，疑误。

七月二十七日，遣喜屋武亲云上往大丞之旅馆，另纸呈上人名书。

为学事修业，时情通知之上京者

知花里之子亲云上	二十九岁
安村亲云上	二十八岁
松岛里之子亲云上	二十八岁
知念里主	二十岁
大里里之子	十九岁
津波古子	十八岁

为调查刑法定律之上京者

祝岭里之子亲云上（平等取大屋子）

比屋根里之子亲云上（同前）

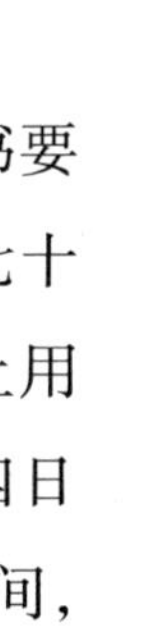

六月二十七日（新七月二十九日）松田大丞赠与文书。文书要旨如另纸书面（于真和志间切古波藏村），用地一万八千六百七十余坪，作分营之营所、练兵场、射击场、医院等用地。就如上用地之购买一事至急，御达地主。尤地价等事，已知悉。八月四日三司官等见大丞。分营用地检察完毕之处，位于首里与那霸之间，为人民耕耘、收获食物之地。在垣花南面有相应之处，更改该地。且陈述接受该地佣金非本意，愿免费奉上。大丞云，免费之陈述实令人感激，然政府之方针难计，当先以书面提出。

七月四日，陆军省特派员长岭让、宫村正俊、神谷范二等三氏为检察分营用地，派小禄亲方、喜屋武亲云上列席，临检垣花附近。云：临海岸，且狭窄，不宜作分营用地。乃决定仍为此前申报之地古波藏村。

同五日，摄政三司官拜访松田大丞之旅馆，呈送如下请愿书。

一 为当藩御保护，设置分遣队之旨。太政大臣三条公发御达书，由内务卿大久保利通殿传交于池城亲方等在京之官。此乃难事，容归帆之后以国评申述。又，阁下之御示谕之趣已明白，然恐难以奉承御断。然当藩之者对皇国之众，所谓万端仪律可有之，从前已申明，尤以慎重区分。兵队被限制，人数亦尽量减少。尤地价一件亦知悉然，为御保护而被召见，被赐予代价，并非本意。奉愿免费。

一 刑法按定律实施，为此调查，可派担当者两三名上京。此旨已知悉。近日可派遣。

一 为学事修业、时情通知，择少壮者十名左右上京。此旨已明白。又，如上所示，御请上京。

明治八年八月五日（旧七月五日）

琉球藩王 尚泰

内务大丞 松田道之 殿

当藩隔年向清国进贡，或于清帝即位之节差遣庆贺使，且受清国之册封，今起被禁止。且藩内奉明治年号，年中仪礼等皆按御布告遵行。且藩制改革等件，太政大臣三条公之御达书、阁下之御示谕，详情皆已明了。诸官评议之后，如下请愿。

一　当藩往昔，政体诸礼式不立，有诸般不自由之事。属皇国、支那，蒙御两国指挥。渐次，政体成立。藩用之物件，亦从御两国调办。此外，蒙御仁恤，对皇国、支那之御恩，难以言尽。实御两国，举藩上下，无不奉养为父母之国，立志万世效忠义。今起被禁止向支那进贡、庆贺及接受册封。对此等绝父子之道，忘此前累世之厚恩，失信义之事，甚感痛彻心脾。望御贤查前件之实情，允许如从前一般向支那进贡、庆贺并接受册封。

皇国御管辖之处属鹿儿岛县，对支那隐秘。恳求向支那陈述明了，我国愿加倍永久勤勉侍奉御两国。

一　如前所陈，当藩属皇国、支那，故对皇国用皇历，对支那用彼历。年中之仪礼，亦按御两国之御格式进行。新年、纪元节、天长节等祝贺，按御布告遵奉。其他，奉愿如从前一般。

一　职制之事，应国情、随民心而定，古来无变。虽皇国御直管辖，藩内一同拜祈，国体政体永久不变，感激安堵如常。藩制若改革，小邦人心迷乱，每物不能周全，心痛不已。奉愿与御内地分别处置。

如前各条，摄政三司官将陈述详细。祈以宽广御仁德容许。

明治八年八月五日 琉球藩王 尚泰

内务大丞 松田道之 殿

当藩向清国隔年进贡，或清帝即位之节差遣庆贺使，且请求清国册封之事，今起被禁止。且藩内奉明治年号，年中仪礼等皆按御布告遵行。且藩制改革等件，有太政大臣三条公之御达书，及阁下给藩王之御示谕，已拜承。我等惶恐，叹愿[①]如下。

一　当藩往昔与皇国、支那相通，并不服属任何一方。政体、诸礼式等不立，有诸般不自由之事。应安[②]五年起，成支那之管辖，被称为东南藩屏之邦。自此，派遣使者进贡，从未断绝。支那更替之节，另差遣使节，述庆贺之礼。代代以敕使受王爵册封。明德[③]三年，赐闽人三十六姓，诸规模设定。设柔远站之旅馆，官员相通，且调办藩务之用品。至清代，尤受亲切之待遇。进贡规则等记载于明清会典，既五百余年。又庆长十四年起，随萨摩，蒙万端指挥。逐渐政体敷设，日用之物件等无差，饥馑等节御救助。此外，各种待遇丰厚。至去申年，承朝廷御直辖，益蒙御仁恤，皇国、支那之御高恩，难以言尽。如前所述，以御两国之庇护，一藩之备相立，上下万民安堵。实奉养御两国为敝国之父母国，人心确乎坚固。侍奉皇国，向支那进贡之事，乃本藩重大之规模，忠诚志愿，万世万代不相更易。今起被禁止向支那进贡、庆贺及接受册封，与支那相离，此乃绝父子之道，不仅令人心迷乱，且忘却累世之厚恩，失信义，对诸国名分相废，永世耻辱莫过于此。自藩王至举藩，惊骇不已。望御贤察前件之情实，允许向支那隔年进贡，更替之节庆贺，接受彼册封。

① 叹愿：请愿。

② 应安：日本南北朝时代的年号之一，指 1368—1374 年期间。

③ 明德：日本年号之一，指 1390—1393 年期间。

皇国御管辖之处属鹿儿岛县，对支那乃是隐秘之事。恳求向支那陈述明了，我国愿加倍永久勤勉侍奉御两国。万望怜察小邦之情，如从前一般蒙御两国之抚恤。

一　年号及仪礼等事。至今，对皇国用皇历，对支那用彼历。年中之仪礼，亦按御两国之御格式设定。于东京，大久保利通殿向池城亲方等御内达之时，亦奉愿有此旨。望除去藩内奉明治年号之趣意，纪元节、天长节等祝贺皆按御布告遵奉。对两属之敝藩，恳望特别处置。

一　当藩位海外之孤土。自开辟以来，立一国之名分，属皇国、支那，感激不尽。受王位册封，藩制亦应国情、随民心而立体裁，数百年来未变。四民各自安分励业，平稳治理，尤国体政体永久不变。前年，向外务卿副岛种臣殿如此奉愿。且去年，当藩事宜被纳于内务省之御管辖，受段林友幸殿传达御书。如此前所述，从无更改之事。段御同人之御口传之旨，亦知悉。藩内一同拜承，感激安堵，申述御礼不尽。若藩制改革，则小邦人心迷乱，每物不周，藩内治理不调。痛心陈述，素有一国之名分与王号，以前亦与御内地诸藩不同。恳请特别处置，藩制不相嬗变。奉愿被允许。

前述国家重大条件，藩内恳愿如从前一般设置。举藩一同，深愿不尽。藩王所奉愿之诸事，由我等申述巨细，如前奉愿。奉仰御采用。

明治八年八月五日 富川亲方 池城亲方

浦添亲方 伊江王子

内务大丞 松田道之 殿

七月八日，松田大丞就七月五日藩王所呈文书，作如下详细辩论，调制对辩书。此书御阅后，对其旨趣御体会深刻，举藩尽议。向摄政三司官赠文书。

今般，对御达书条件之贵答书，作对辩书，说明如下。

一 为当藩御保护，设置分遣队之旨。太政大臣三条公发御达书，由内务卿大久保利通殿传交于在京之池城亲方等官。此难事容归帆之后，以国评申述。尤且明白阁下之御示谕之趣，然恐难以奉承御断。当藩者对皇国之众，所谓万端仪律可有之，从前已申明，尤以慎重区分。兵队被限制，人数亦尽量减少，尤地价一件亦知悉。然为御保护而被赐予代价，并非本意，奉愿免费。

此件，兵队入琉之后，为预防今后土人与兵员之间发生纠纷，本至关重要之事，贵论甚适。故不才归京之后，具陈贵论之旨趣。向政府上陈，当施行相当之取缔法。此等事务，阁下以藩王之职任，应当藩实际之景况，无论上请何等方法，固为阁下之本分。当无所顾虑，向政府具陈。且不愿接受用地代金之事，贵论之诚，实令人感动。然置兵营保护国土，乃政府之本分义务。为办此等费用，常要对人民收税。即对于当藩，暂不论其税额多少，常收纳若干税额，以此奉答政府保护之恩惠，义务既尽。然则今又自办此兵营之用地代金，厚情甚过。假令上请，政府亦不听许之。然对贵论如此深厚之旨趣，不才止之而拥蔽，固非不才之本分，当向政府具陈，任其裁决。故就设置分营之条件，向政府呈遵奉书，并添此旨趣之上请书。地价调查书，不才将另外提出。若政府听取贵论之上请，不才提交之地价调查书乃成无用之物。若不听取，则以此地价调查书供购买用地之手续。

一　刑法可按定律实施，因之，为调查此事，派担当者两三名上京之事已知悉。近日可派遣。

此件，既遵奉，当向政府呈交遵奉书。

当藩向清国隔年进贡，或在清帝即位之节差遣庆贺使，且接受清国册封，今起被禁止。且藩内奉明治之年号，年中仪礼等皆按布告遵行。且藩制改革等件，太政大臣三条公之御达书、阁下之御示谕，详细皆已知悉。依之，诸官评议之后，请愿如下。

一　当藩往昔，政体诸礼式不立，有诸般不自由之事。属皇国、支那，蒙御两国指挥。渐次，政体成立；藩用之物件，亦从御两国调办。此外，蒙御仁恤，对皇国、支那之御恩，难以言尽。实御两国，举藩上下，无不奉养为父母之国，立志万世效忠义。今起被禁止向支那进贡、庆贺及接受册封。对此等绝父子之道，忘此前累世之厚恩，失信义之事，必胸痛不已。望御贤查前件之实情，允许如从前一般向支那进贡、庆贺并接受册封。皇国御管辖之处属鹿儿岛县，对支那乃是隐秘之事。恳求向支那陈述明了，我国对御两国将永久勤勉侍奉。愿御采用此意愿。

此件，从前出于时势，我政府默许两属国体，幸无大碍。

今皇政一新，成万机新制之世，与万国交涉益密。为达其独立国之本旨，照世界之条理、万国之公法等，若不保全其权利，则国不成其国。然当藩乃我国版图，却臣事他邦，此两属之体，乃国权不立之最大者。若不速改之，对世界之舆论，无答辩之条理，是非独我政府之缺典，随之关乎当藩之存亡，岂能不警戒乎。此又乃今者御达书之一大眼目。今阁下之陈述，更不问此等条理，只因袭旧格，不欲就新规，毕竟归自私之苦情。此琉球地理、人种、风俗、语言，及受我政府之保护等，就诸条件而论，固属我国之版图，所谓地理上之管辖。即便质问世界公论，谁能言非在管辖之内，不在版图之中乎？而于清国，地理、人种、风俗、语言等，无一有缘由。只中古，该国主自应明朝之招谕，受彼册封者，而未曾受彼政府之保护。所谓似政令之管辖，而无其实。若问世界公论，谁能言之为版图乎？谁能言其管辖亦有实，即全权之者乎？是以清国所言琉球乃己之管辖，独对当藩言之，对我政府乃至世界不能言之。总之，中古明主之招谕，未明确绝我之管辖，又未明确得我许诺，只以琉球国主擅自应谕为幸。若此等结私义之事，照世界之条理，更无名分，岂宜哉！我征蕃之役，彼视为义举，当对我政府交付若干金额，给与当藩下受灾人民遗族。若清国必将琉球作为己之管辖，则不能向世界公开倡导。何以不自行处置牡丹社[①]，而保护当藩下人民乎？何以不向我政府支付若干金额给与当藩下受灾

① 牡丹社：牡丹社事件，指 1871 年琉球宫古岛岛民于台湾遇害事件。

人民之遗族，不自授与当藩乎？既视我征蕃之役为义举，即琉球无受清国之管辖之条理，明证历历如此。且就征蕃之役，我政府与清国谈判结局，尤为明白。由是观之，清国对当藩之情义名分，早已废绝。当藩所云其对清国之情义，乃一己之私情耳。今臣事清国之诸件虽绝，然藩王其任重大，乃我藩屏之职分，其品位贵为一等官，在列华族。于藩内，为达其利用厚生之道，船舶往来，人民交际，万物需要等，皆其自主之权利，得以随意行之。加之，与内地往来，前途益盛。然藩制也，衣食也，居住也，交际也，商法也，阖藩因以成立安顿，未见丝毫缺耗之处。此苦情为何苦情乎？今我政府命当藩断绝臣事清国之诸件，乃前述所谓失地理管辖之权利，即天皇陛下权利之缺损。其义之关系，对世界既重且广。而当藩之对清国之情，即一己私情，其轻重何如哉！然，徒主张自私之苦情，而不问此条理，其见识亦谬。就中，自今起隶属我政府之事，须向清国公告等言，乃最大谬论，于我政府甚为失敬。总之，当藩乃我版图之事，万国皆知。对清国，近之征蕃役之始末，我政府已明示。阁下岂能枉自要求向彼告知乎。乞勿复发此不敬之言。如前所陈，大条理不可动、不可变，庙议兹定。不论上陈何等情实，当知政府决不采用。故此叹愿书之旨趣，不才不能听取，当速尊奉。

一　当藩之事，如前申上，属皇国、支那。故奉对皇国用皇历，对支那用彼历。年中之仪礼，亦以御两国之御格式为准施行。新年、纪元节、天长节等祝贺，按御布告遵奉。其他，奉愿如同以往。

关于此件，既遵奉前条，则不可不遵奉。废清国之年号，仅奉我年号，不待而论。

一 职制之事，应国情，随民心而定，古来无变之。虽政府御直管，然称国体政体永久不变。藩内一同拜承，感激安堵。藩制若改革，小邦人心迷乱，每物不能周到，心痛不已。奉愿与御内地分别处置。

关于此件，政府对当藩之国体政体永久不变革等命令，未曾有之。只明治六年，依外务卿副岛种臣之指挥，外务官员向当藩官员赠文书，其中有所揭示，当指其事。然与贵辩之旨趣相异。彼文书中之意，即藩制不易变革之意。而今者之御达书，固非主张变革藩制，而主张施行藩制中之职制。既有此藩制，则必有此职制。国之政体，本应从时势之沿革，因经营国家之便宜而进行变革，并非墨守旧制。就内外古今之书史见之，历历明白。近者，我邦自明治初年起至本年，其间变迁沿革，天下皆知。就中，至近日，置元老院，割天皇陛下无量权之几分，而赋予之。此等我朝未曾有之大变革，皆从时势之沿革，基于立国之本旨，宜可然之。自天皇陛下至官吏、人民，不可挟私之议论一己之见，此乃不得不从之道理。于旧藩亦然，当速遵奉。前陈之条件，政府已出确定商议。乃委任不才，派遣至当藩。假令几度叹愿，不才决不听取之。藩议或一度愚蠢叹愿，不被听许，则再三叹愿，仍不被听许之时，藩吏上京直向政府哀愿等事，或可有之。若然，实为冗议，徒费时日耳，勿为此等无用之事。总

之，不才听得庙议之蕴奥，而今者之奉命，其大道理决不可变动。一度不听许之，假令接二连三叹愿，亦决不听许。即便藩吏上京，直向政府哀愿，然政府既委任不才，则无采用藩吏之上京哀愿之理。不仅如此，不才以其委任权，不可听许藩吏之上京。依此，自明日九日起延期数十日。其间，止彼冗议质论，更改考虑，尽正确之审议。至十九日午前，当出答辩书。若发生不得已之事故，而请时日延期，则不可超过二十一日。兹待贵酬[①]。

明治八年八月五日（旧七月八日）

内务大丞 松田道之

琉球藩王 尚泰 殿

七月十二日，伊地知六等出仕[②]发来通牒，明日将来馆面会三司官。依此，三司官等回答，知晓此方来谒之贵意。翌十三日，往其旅馆面会，种种谈论。其末，仅以口头谈论恐生误谬，故由伊地知氏转交如下舌代书[③]。

舌代书

今日，请求面会诸君者，非以职务上之事而来，乃以平生之交谊，叩心底，陈述愚意。且望诸君毫无腹藏疑虑而听承。今者，受松田内务大丞、太政大臣之命，奉持御达书而

① 兹待贵酬：书信体式，表尊敬之意。

② 出仕：官职名。

③ 舌代书：口头书的意思。

来，此乃表示政府此议既决。政府固非不察识当藩之情实，乃立足于今日之形势，对名分条理不能置之不顾，轻重参酌之上决定者。凡百般之事，有以人力当成者，亦有不能成者。徐缓熟虑，其成否，虽儿童亦知之。以人力当成者，千变万化毫无遗漏，不遗余力。不能成者，乃不能早察机先，安于自然。如今之事，即归其不可成者。对其不可成者，无论何等竭力，亦无寸益。殊诸君等所陈当藩之情实，政府早既知之，松田大丞知之，贞馨亦知之。既知之，尤有此命者，更是重大，有不可改变者。贞馨屡来此地，与诸君之交亦非浅。于当藩之事、有益之事，虽不肖，亦竭心力以助之；有害之事，勉力除却之。是为平生之志。然至今日之事，不可赞同诸君之说而助之者，非不欲助力之，乃因其不可成而不可助力。何况政府之命令条理判然不可变动，此乃贞馨深忧之处。对其不可成者，不可舍条理名分而论。整理种种旧格琐细故障，哀诉叹愿，不仅劳而无功，遂成违敕之姿。不测之变，难以预测。窃为藩王诸君深忧虑之。世上之沿革，如同四时之更替。热则服轻衣，寒则着温服。若不应寒热之节保护自身，则不仅为外气所犯，终至失一身。国家之事亦然，若不审时度势，应其来者而备之，必不能保全社稷。岂不正如内地旧诸侯，对一纸敕书无片言之反辞，而甘愿将数百年所领之封土奉还乎？此乃被要求奉还，又有不得不奉还之道理。当藩非在其事。唯绝清国之关系，改藩治之体裁，岂非非常之特典乎？然因循至今日，尤不出遵奉书，显刚愎不逊之形，几近自取灾祸。遂归不得不遵奉者，不如表恭顺之意，速相应。贞馨谓，当藩之两属乃从前之事，非新始。世上若有类似之国，即便受清国之正朔，可有内议称：此当言失日本之国权乎。是大不然。虽非无类似之国，然各异其道，亦异其势，当了解各国之史。形势推移，至今日不可舍置。正如松田大丞屡陈之事，今清国内外忧患多，国政不振，虽无着手之暇，然他日或可举政纲，不再对两属置之不问，或命绝我乎。若我不命绝彼，则彼必命绝我，终至不能持两属。当绝此念。或谓，藩王诸君虽自有识见，然按司、亲云上等之内，持一种议论而无说解之道，无奈而过时日乎。若然，当速提交现实情况，贞馨等亲加训诫，勿获犹豫迁延罪。又谓清国谢绝之事，虽有遵奉之意，然数百年之惯习，且大小之势相异，而无以向清国陈述之辞；又他日不知将受清国如何谴责，有难以预测之念虑乎。果然，是可言之为过虑。总之，当藩为日本政府之管辖，对清国无私自应答之道，诸如止庆贺使、废进贡使，不至于向清国陈谢。此乃从政府之命令，止之废之。若清国政府谴责止之废之，可以作答：此乃依我政府之命，不得已止之废之。若要问之，应与日本政府谈判。如此，利害得失皆关乎政府，于当藩更无忧虑之事。藩政改革之条，盖存藩治之体面，改摄政以下之官名，定等级顺序，分赋各官诸务之事，不至于变改以往处置之事务。然其时，并不关涉诸君所言之人心纷乱云云之事。改官名，如同人之改异名，几度改之，亦不关涉其人得失。改官名则动人心，乃无稽之谈。此等事，若被松田大丞问及，必有至当处分。唯愿诸君体会朝旨，速呈遵奉书，施行藩治。此不独为藩王诸君，而

为阖藩祈望之处。贞馨担当当藩之事已久，绻绻之情不能自禁。敢表愚意，幸诸君体谅之。

明治八年八月十三日（旧七月十三日）

伊地知贞馨 致浦添、池城、富川

三司官领受此书归去，向众官吏传示。皆认为，此乃喋喋饶舌，诓骗我等之言，而毫不在意。

琉球见闻录　卷之二

八月二十日，为对松田大丞之说明书辩论，摄政三司官在与那原亲方、幸地亲方、喜屋武亲云上、内间亲云上（大宜味亲方之长男）、亲里亲云上（伊舍堂亲方之长男）陪同下，至松田大丞之旅馆。松田、伊地知及其他官员列席相见。松田曰：贵方之情实，予已谅察。本日专以条理，充分辩论。又互离官厅，望以一己之资格，毫无腹藏，吐露意见之处。浦添答曰：口头难以言尽，且恐生误谬，故调制辩论书，以供高览。呈出文书如下。

口头备忘书

今者，御达书之各件，对藩王再度御说明之旨，我等知悉。因有存虑，申述如下。

一　正如当藩为我国之版图，而臣事他邦，为两属之体，此为国权不立之最大障碍。若不速改之，对世界之舆论，无御答辩之条理。此非独我政府之缺典，随之关乎当藩之存亡，而不得不警戒，此乃今者御达书之一大眼目。关于此件，当藩往古，万事不调。然为支那之藩屏，差渡官生，受亲切之教谕，知人伦之道。尤又受赐闽人三十六姓，诸规模相定，政体诸仪式等相成，诚国家创立之恩义不轻。向支那进贡之事，不仅为当藩之大义，不忘恩、尽职、守信义之事，乃天下至公，并无自私之苦情。若能得御洞察，宽宏御处置之，即便对万国之舆论，御答辩之条理亦相立，而无御缺典。断绝支那，忘累世之厚恩，失信义，人与国之道俱废，岂有立天地间之理哉？尤与支那之续，自数百年前起，诸外国一同皆知。若新规而成他邦两属之体，情义可相变。且又当藩两属之处，对各国其隐无之，以御两国之御威权，古来无事。当前若蒙御两国之御保护，则当藩无存亡关系之念虑。

一 就琉球地理、人种、风俗、言语等诸件而论，固为皇国之版图，所谓地理上管辖之件。当藩处皇国与支那中间，地理之气脉，与御两国相续，人种风俗亦与御两国相似。语言常式，交通繁有之，故与皇国相似。以是等，琉球究竟属于何方，难以言哉。

一 不受支那政府之保护，所谓似政令之管辖而无实之件。当藩自弘化至文久年间，外国商船频繁渡来，和好交易等，小邦难应。法、英、美三国人员，轮番滞留藩中，担心至极。向支那恳愿，与各往来长官相谈而退回，平安平稳。如前所述，被保护之事有之。

一 清国所言，琉球乃己之管辖，独对当藩言之。不仅对我政府，对世界亦不能言之。总之，中古明主之招谕，并未明确绝我之管辖，又确乎未得我之许诺。只琉球国王擅自应谕，以为幸，此与结私义相同。照世界之条理，更无名分之取。关于此件，当藩进贡之规则，记载于明清会典。诸国一同明知。故如前条所陈，依支那示谕与逗留之英美人进行交涉。且当藩往昔，与皇国、支那、朝鲜、新罗、爪哇国等交往，并不服从于任何一方。中古，依明主之招谕，始进贡。其时，非以支那应谕为幸，未绝皇国之管辖；此非未得皇国之许诺之擅自行为，非结私义。是以奉陈，此非无名分之取。

一 关于征台事件，应对我政府交付若干金额，给与当藩下受灾人民遗族。若清国必将琉球作为己之管辖，向世界公开倡导，何以不自行处置牡丹社，而保护当藩下人民乎。此件，台湾御征伐，乃皇国之御处置。故抚恤银，如前所述，集结后交付与皇国。且逢杀害时，生还等者受支那丰厚之保护。且向当藩发来之咨文中，可见对台湾府纠行径、惩强暴、示怀柔之趣。且台湾御征伐以后，支那并未对当藩做任何裁断，接受进贡使上京之表文贡物等，向藩王及使者一一赐物。其外，如从前一般亲切接待。且皇帝殂没之白诏，新帝即位之红诏等到来等事，未改任何先规。是以清国对当藩情义名分，未曾见废绝也。

一 藩王其任重大，乃我藩屏之职分，其品位贵为一等官，在列华族。于藩内，为达其利用厚生之道，船舶往来，人民交际，万物需要等，皆其自主之权利，得以随意行之。加之，与内地往来，前途益盛。阖藩因以成立安顿，未见丝毫缺耗之处。此苦情为何苦情乎？此件，诚然，对藩王御处置一向御丰厚，奉存感激。然向来为达利用厚生之道，与支那船舶往来，人民交际，万货之需用等，若断绝支那，有何等面目施行哉。此乃不合理之事。当藩与支那之续，乃大义之处。夫故几重申述，毫无以自私之苦情，因袭旧格之事。

一 向清国公告属我政府等言，乃最大谬论，对我政府失敬之甚。此件，皇国御管辖之处，自鹿儿岛县管辖之际起，即对支那隐秘。当时御和谊之际，如从前一般，并未终结。皇国既已实施，当藩于今将此隐秘之事向支那申明，明确致力于御两国之御奉公。如上所述，恳愿御闻。

一 政府对当藩之国体政体永久不变革等命令，未曾有之。只明治六年，依外务卿副岛种臣之指挥，外务官员向当藩官员所赠文书中，含有藩制不易变革之意。此件，所赠御书之意，即当藩国体政体永久不相变之意味。明治六年，向副岛种臣殿奉愿，接受前述御书时，因不明白国体政体永久不相变之意味，曾向外务省官员等询问，确认其所含之意味。受取文书后，经御询问，就其意味文书，陈述御礼而受纳。依当藩御管理之本省总裁之御指挥，对此御达之御趣意，即政府之命令，藩内一同感激不尽。如今，更有如前御演说之错综，及外务省了解之事。

一 今者之御达书，固非变革藩制之主意，乃施行藩制之中职制之主意。有此藩制，则必有此职制。此件，关于职制，第一乃是为谋藩治之便利而设置，有至要之理由。若当藩至今之职制难以施行，改革可有之。应国情，随民心，立体裁，四民各自安分励业，于治民之实际适宜之际改革，政务或失国家经营之便宜。如前所陈，往古以来，以分[①]而国立，王号等有之。奉愿与御内地旧藩区别处置，如从前一般施行。

① 分：指各种制度规则。

上者，互离官厅而御内论之事，若有过犹不及之处，恳愿谅解。打开心底陈述，若有存虑，尽可申述。尤至口头，亦可提出。呈上备忘录，无论几重奉愿，乃情实之处，奉愿御贤察。

亥八月二十日（旧七月二十日）

松田大丞朗读此书，乃作如下辩论。

松田问：当藩自往古受支那之恩义不轻，若与支那相离，则信义不相立。此事，似乎在理，然于当藩思之，可有条理乎？

三司官答：然思其他，无更高之条理。

松田辩：此事并不仅限于当藩。支那先于诸国开化，日本亦学孔孟之道，用其文字，其恩义不少。而当今，日本万事万物，学欧美各国之美，以赴开明进步，其恩义亦与支那无异。今琉球，若如从前，任置于两属状态，则不仅属政府之缺典，其他亦有不可放置之理由。试言其一二。若英国与支那兵戎相见，占领支那大地，随之当藩亦将属其掌中。其时，日本将与英国开谈判。故此际，若不与支那断绝关系，则无辩解之辞，当藩亦遭受麻烦。又，若日本与支那启战端，则当藩难以附于任何一方，实至无可适从之立场。故如从前一般之两属维持说，终不可行。宜察万国之形势，详细处置取舍去就。且与支那绝离，所谓失信义云云，实属特殊，姑且不论。然不可掩前述之条理。若有掩之条理，则其他无一不无条理。此一端，尚需再三思量。

三司官辩：皇国对各国，持邻国交际之道。支那对当藩有父子之道、君臣之义，其情义至大至重，乃至高条理。邻国交际之情义，不可同日而论。守信义，乃万国之同好；失信义，乃万国之共恶。遵守万国所好之信义，岂非政府之盛典乎？且各国之交际，亦以信义御处置。当藩亦坚守信义，以为保国之要具。英支战争之事，乃未来之事，未必有此变故。然则，当藩若失信义，深信必有前途忧虑之烦。

大丞辩：此事虽云未来之事，国事当须事先立计策。刑法亦非有盗贼之后而作，立未来之计尤为重要。且云，此件各持己见，条理相异，若无裁断之人，徒涉长论而无益。就此移他事哉。

松田辩：文书中言，当藩地理气脉与御两国连续，人种风俗亦与御两国相似，此甚不合理。地理与日本连续，人种亦与日本相似。

三司官问：亚细亚洲人种岂非同一乎？

松田答：其中有区别。当地人民，骨骼与萨摩人相似。尤其言语，与交通频繁之一方更为相似。此点毫无异议。

松田问：听闻法、英、美三国之人轮番逗留，琉担忧而向支那恳愿让其退去。此交涉乃外国人依支那商谈而退去乎。

三司官答：否。然支那来咨文，言当如何退去。

松田问：咨文中可见由支那向外国人进行谈判之旨趣乎？

三司官答：未见其旨趣。

松田问：耳闻外国船来琉之时，鹿儿岛官吏为琉装，做通词[1]。果然乎？

三司官答：只为琉装，立琉人之背后，见闻外国人对谈，未做通词。

松田问：所谓当藩往古与皇国、支那、朝鲜、新罗、爪哇国等交通，并未无服从任何一方，然与日本，自推古天皇之时起朝贡。其后，世乱，政权归武门，无暇绥抚远方。应明主之招谕，擅自结私义，当时未做任何处置，此乃日本之失策。然是等属往古之事，姑且不论。其后，庆长年间，逢萨州之入寇，终至割取五岛。此非支那未管之、无真正之管辖之明证哉？

三司官答：否。此事因当藩未向支那申告，而无任何处置。

松田云：然，其时居下位，至今二百年余年。此漫长岁月，不经意间而过。诚难以承诺。

三司官云：支那政府时时询问日本之事，答辩曰，不随从日本。且推察，（支那）察贫弱之小邦，若不随从日本，到底难以成立，斯不问。

松田云：所云实不当。外国人等若思当藩为支那之管辖，则条约亦当向支那提出。以其向皇国提出而视，显然彼等亦不认为属支那之管辖。

三司官云：条约原本保存于当藩，而内务省有御用，频频御拒之，亦不御听许。不得已乃奉上。

松田问：征伐台湾之际，皇国所赐御处置抚恤银，亦如

① 通词：指翻译官。

前所述，由支那集结后交付与皇国。征台之事，专以琉球人被杀害而御处置。为此谈判，派遣大久保大臣往支那。以奉上赔偿金等等视之，支那亦承认当藩为日本之管辖，故未向当藩交付，而向日本交付。其时，已决定日本之管辖。以此见之，生蕃之存命者，无受支那保护之理。

三司官答：对当藩所赠咨文中，有对台湾府进行咎问，惩强暴，示怀柔之旨。

松田云：此乃支那伪诈之申述。

同人云：船舶往来，人民交际，万货需用等件，并无辩解，是何道理哉？

三司官问：船舶往来之件，指支那往来之事乎？

松田答：然。

三司官云：此处误解，未做陈述。若绝支那，假令允许往来之自由，又有何面目渡航耶？

松田云：此亦不过一藩之苦情，有何不可渡航之理？

三司官云：若有绝进贡之条理，实如贵命执行。既无断绝之条理，不可渡航。

松田云：此诚至论。

又云：向清国公告属我政府之件。若有御达，命对支那不得隐密为皇国管辖之事，则不敢不公告。然既有御达命绝支那，则明白公告之事甚为失当。

三司官云：皇国御管辖之处，自鹿儿岛管辖之时起，乃隐秘处置。吾人深信其非妥当，当向支那明白公告，故如上申述。

松田云：当藩陈述国体政体永久不变之件，御达书中未见；与外务省官吏之应答笔记，证迹不足。此外，若其曾属伊地知氏之处置，宜与同氏相谈，吾当做裁断。

伊地知云：当按外务卿之御达书遵守。然并无国体政体永不变之意，只今不变革之书。

三司官云：当时，因御达书中无国体政体永不变之明文，提出加书其旨。云其旨趣已含蓄于书中，故直取书照会，由摄政三司官以书面陈述谢礼，以之安心。

伊地知云：其时，副岛卿阅览之，云无其事，先处置备忘录。

三司官云：若然，无受谢礼书之理由。既受纳之，对前述，今更难以认定。

松田云：若无政府公然之御达，则难以采用。

三司官云：外务卿之词，岂非即政府之命令乎？

松田云：是诚公论。然当随时势改革。假令政府有御达书，亦不得不改革其内容。予考虑之。时势变迁，难以预测，不能呈上永久不变之文书，此不外乎当时官吏之失策。又于内地，亦随时势，为县为郡，实例多有之。其时，若有如前文书，岂非妨碍改革之执行？然此仅示其一例，非云处置当藩。

松田云：所谓职制改革将致官厅混杂，妨碍政事执行，失国家经营之便，缺政务圆滑之理由，此论甚非妥当。此改革只官名改革，未敢成妨碍之理由。

三司官云：当藩往古以来，为一国，保王号，与内地之旧藩自当有别。且今者，御达之职制、人员与三司官等人数不合，故难以举行。

松田云：人员不合之处，当增减。且摄政有执行之义，当藩之政事若授予藩王，则无执行摄政之理，对三司官等亦无授政事之理。

三司官云：藩王幼时设置摄政。既成长，有废止之例。然目下国事多端，而特别设置。

松田云：其理由非稳当。且保王号，虽云与内地旧藩不同，然王即君之事。故旧藩之公亦为君，王号亦为君，毫无异处。绝支那、用皇历、改职制三事，必按御达书执行。至其他之事，一任藩王。且答书限于明日呈交，当在期限内提交。

三司官云：归里主[①]所，遂协议，必返答。

松田云：若只如上理由，即便重复申述，条理亦不立，不可采用。

如前所述，双方互辩论，相别。

七月二十一日，松田大丞见琉球官吏只持抗议，不表遵奉命令之意，苦心焦虑不堪。兹内务中录[②]河原田盛美今者奉琉球勤务之命，加入松田大丞之一行来球。此日欲助力松田大丞，一身挺然，特意抵首里城，见当藩之官吏。将意思之所在逐一讲述，并

① 里主：官职。

② 内务中录：官职。

交付如下文书。

今者，就松田大丞奉朝命一事，受大丞及伊地知氏、其他官吏数次说明，已经数十日，犹未遵奉。不得不云，实乃贵藩之不当。不才请当藩勤务之命，与大丞同行，来此地。不忍见今日之不当，欲无所忌惮，吐露肺腑。今日，特意前来恳谈，更以另纸陈述。厚望御考虑之上做御决答也。

明治八年八月二十一日

河原田盛美

今归仁王子 殿 伊江王子 殿 浦添亲方 殿 池城亲方 殿
富川亲方 殿 与那原亲方 殿 幸地亲方 殿 琉球藩御中

今此处有一小国云琉球。其国在亚细亚洲中，大日本国与清国之间。奉两国政府，指两国称父母之国，使大日本海与大清海之境界暧昧，为万国皆疑之处。兹日本政府命断清国之关系，改大日本国之面目。断清国之关系者，将成日本之属藩。可作为日本属藩之证，大略有十六条。一曰，地脉绵亘。二曰，为日本之人种。三曰，《上记》及六国史等其他诸书中有所记载。四曰，收朝贡租税。五曰，以日本货币进行通货。六曰，语言文字相同。七曰，半属鹿儿岛县之管。八曰，向来设官廨。九曰，今日设兵。十曰，补助国用之不足。十一曰，发布劝农、刑事及其他之政教。十二曰，神祭佛教同，其寺院之本寺又在内地。十三曰，中兴之国王乃日本人皇之后胤。十四曰，为日本之藩屏。十五曰，立日本之国旗。十六曰，为藩内难民复仇，取清国政府之抚恤银，兴之。十六条之内，对照万国公法，确认有四。一，地脉之绵亘。二，实施政教。三，设官廨。四，设兵。非清国之隶属之证，亦大略有十二条。一曰，地脉与其国不连续。二曰，不施政教。三曰，不设官廨。四曰，不设兵。五曰，人种不同。六曰，不收租。七曰，语言文字不同。八曰，祭典不同。九曰，对藩下人民被台湾岛人暴杀，持旁观。十曰，视征台为义举，出抚恤银。十一曰，对早年岛津家久[①]之征伐置之不问，更何况将其国一半割授给岛津氏。十二曰，庆长年间，征韩之役时，对琉球将兵赋送于肥前[②]、名古屋而不谴责。之所以称清国之隶属，乃是因为文中[③]元年，受明主之招谕，派察度王[④]之弟泰期去明国朝觐。自此派使臣（称册封使）前来。及支那皇帝即位之庆贺使，隔年进贡使等派遣，在福建设琉球馆，故而称属国。如清国人自行编辑之书籍，数部有之，皆有名无实者。固政令之属国，非天然之属，无一合万国之公法。日本政府之失体，在于未谴责私通明朝。然其时，日本政府政权归武门，兵戈骚扰，无绥抚远方之暇。今日之文明之世，未曾有之。今御亲政，武家将政权、土地、人民交还，成文明日新之世。既与十八国缔结和亲条约，互派公使，百事一改昔日之面目，可照万国之公法改革。值此

① 岛津家久（1576—1638），安土桃山至江户初期的武将、萨摩藩主。庆长十四年（1609）平定琉球，使之归属萨摩。

② 肥前：旧国名。属西海道，俗称肥州。现为佐贺县与长崎县的一部分。

③ 文中：日本年号，指1372—1375年期间。

④ 察度王：中世后期，琉球察度王统第一代王，1321—1395年在位。

气运，此一事关乎大日本天皇陛下之体面，岂能不革乎？今琉球对政府之命令，若充分陈述，对日本政府恐失体面。只云叹愿之旨趣、对清国之信义，乃唱无实之信义，缺真实之信义。对日本政府若尽藩屏之任，则可全藩王之任；若不尽其任，则其任亦无。若有废藩之担忧，自当十分尽责。日本政府若要废此小藩，有何之难？然宽厚处置，是为全藩王之任。当藩之存废，在于藩王及一藩是否遵奉政府之命令。不至于担忧清国之谴责，此乃政府之承担，非当藩之责。因之，速遵奉政府之命令，考虑国家之安宁，废有名无实之虚礼，着眼爱国之策，乃是忠孝之道，更可立信义，报先王在天之灵。

七月二十二日，三司官遣喜屋武亲云上往河原田氏之处，请求朝命回函延期之事。河原田氏回函如下。

先前，喜屋武君御来驾，请求御答日限延期之事。即向松田大丞陈述。昨日，来御相谈，又提出清国信义云云，无益于叹愿。时日迁延，难以听取。仍由不才御谈示，则必有三种答复：速遵奉之御请，或难以御请，抑或提出其他条理名分。据此回复提出延期请求，而益决心不承诺。故为持重起见而表明。向三司官及喜屋武送信函。

八月二十三日，河原田氏来函。云：昨日以文书申述，向大丞请求御答日延期云云。最早或能赴明日之期之约定，若不达成，甚为不当。若提出与此前相同之叹愿，则朝命难以御请，即强诉之事。三度同愿，皆不成立，则愈发不奉朝命，将成废藩置县之立场。为御明白此点而陈述。若止此叹愿，并以其他条理提出议论，决定附大清或附日本，因之藩议不得不延期。按如此御申述，可考虑延期。

同日，幸地亲方、喜屋武亲云上抵那霸，会河原田氏。昨日，再次呈上愿书，恳请延期至二十七八日之事。据昨晚之御信函，实意外之极，震惊不已。以前有云，将对延期御尽力。河原田氏云：非不可延期，只叹愿与否，又御请之外之申述，当限于明日，然后可有先前之延期。夫征伐台湾之结局，与支那谈判之际，向日本交付琉球难民之抚恤银，支那亦认可当藩为日本之管辖。幸地云：不然。谈判之后，支那对当藩未作任何裁断。不仅如此，进贡上京，亦受纳琉球贡物，且光绪皇帝即位之红诏、同治皇帝崩御之白诏，亦赐与琉球。此非支那未将当藩视为日本之管辖之证据乎？河原田氏闻之大惊，云：果然，君等之申述亦有条理，当向松田大丞协议延期之事。直往大丞之旅馆，须臾归来，云：叹愿与否，当于后日决定，携带前述之辩解书。与支那谈判之事，若在大丞之说谕，或与君等谈论之际已明白之事，则受之，将此前所呈备忘书加笔，替换之。

七月二十五日，摄政伊江王子、三司官浦添、池城、富川各亲方及幸地、喜屋武一同抵那霸，见松田大丞。恳请将先前所呈备忘书加以订正，与此前文书交换。大丞见之，曰：红诏、白诏到来之事，实属意外。当誊写红白诏后呈上。政府须与支那谈判。且叹愿亦有数回，唱强愿，乃不奉朝命之义。对此，是否应朝命，当速定期限。若应，则当向藩王申述，事务当繁忙。若不应，我将径直归京，政府当行严厉处置。蒸汽船既到来，不得不向政府申报。

八月三十日河原田氏发来如下信函。

去年进贡及接贡船渡唐。从琉球出发及到达清国之期限，两度正副使节及上下人员姓名，藩王等向清帝供奉之献品及清帝所赐答礼品，其后归国抵达之期限，巨细已知悉。松田大丞来谈判。昨日为调查，与亲见世方（来自那霸官府）交涉，今无任何之返答。就此件，本日至急传送。

一 清帝驾崩之白诏及新帝即位之红诏，誊写插入。至急送往办事处。

如上，御交涉也。

八年八月三十日（旧七月三十日）

河原田内务中录

伊江王子 殿 浦添亲方 殿 池城亲方 殿 富川亲方 殿

就此事呈上如下文书。

去戌年，渡唐船两艘，于十月二十二日从那霸川出帆。同二十九日，抵达支那。当六月七日，同处出帆一艘，同十四日一艘，同十五日入那霸港。

一 同年渡唐人数如下。附支那滞留之外当夏归帆者。

进贡使　　国头亲云上

大夫	喜瀬亲云上
才府	真荣城筑登之亲云上
才府	松川里之子亲云上
大通事	宫城里之子亲云上
大通事	国场里之子亲云上
北京大通事	湖城里之子亲云上
官舍	伊野波里之子亲云上
官舍	龟山里之子亲云上
胁通事	神山里之子亲云上
在留胁通事	宫里亲云上
北京大笔者	上江洲筑登之亲云上
大笔者	翁长里之子亲云上
大笔者	翁长里之子亲云上
胁笔者	福永筑登之亲云上
胁笔者	西平筑登之亲云上
总官	庆佐次亲云上
总官	池宫城里之子亲云上
进贡使与力①	系满里之子亲云上
大夫从者	长岭筑登之

以上，共二十人，随从及船方共一百八十人，合计二百人。

一 上述人员之内，支那滞留人数如下。

进贡使一人	大夫一人

① 与力：跟从大名或有力武将的下层武士。

北京大通事一人	北京大笔者一人
进贡使与力一人	大夫从者一人
存留胁通事一人	

共七人，随从十八人，合计二十五人。

向唐隔年定额贡物。

一 硫磺	一万二千六百斤
一 铜	三千斤
一 锡	千斤

向藩王隔年赐物。

一 锦	八匹
一 字缎子	八匹
一 妆闪缎子	八匹
一 圆金	八匹
一 纱	十二匹
一 五丝缎子	十八匹

同，向进贡使及大夫赐物。

一 圆金	各三匹
一 五丝缎子	各八匹
一 罗	各五匹
一 生丝	各五匹
一 纺丝	各二匹
一 布	各一匹

向北京大通事赐物。

一　五丝缎子　　　　　　五匹

一　罗　　　　　　　　　五匹

一　生丝　　　　　　　　三匹

向北京大笔者及从者等赐物。

一　生丝　　　　各三匹

一　布　　　　　各八匹

向驻留及滞留从者等赐物。

一　彭缎袍　　　各一件

隔年，向藩王重赐物。

一　蟒缎　　　　二匹

一　福字方　　　百幅

一　大小绢笺　　四卷

一　笔　　　　　四匣

一　墨　　　　　四匣

一　砚　　　　　二个

一　雕漆器　　　四件

一　玻璃器　　　四件

向进贡使及大夫、北京大通事。

一　细皮袍　　　各一件

一　细棉袄　　　各一件

一　细棉裤　　　各一个

一　细棉腿裤　　各一双

一　皮领　　　　各一个

一　皮帽子　　　各一个

一　丝带　　　　各一条

一　袜　　　　　各一双

一　缎靴　　　　各一双

向北京大笔者及从者等。

一　细羊皮袍　　各一件

一　细棉裤　　　各一条

一　布棉裤　　　各一条

一　布棉腿裤　　各一双

一　皮领　　　　各一个

一　皮帽子　　　各一顶

一　笔　　　　　各二匣

一　墨　　　　　各二匣

亥八月三十日

八月一日，三司官三人及与那原、幸地、喜屋武三人，抵那霸，见松田，呈上如下文书。

一　为当藩之御保护设置分遣队。此御达书，由内务卿大久保利通向在京之池城亲方等传送。此乃不易之事件，恳愿归帆之上，以国评申述。又，内务大丞松田道之之御示之旨，亦知悉。难以御断。

一　刑法按定律执行。为此调查，可派担当者两三名上京。此御达书及内务大丞松田道之御示谕之旨，亦知悉。近日可派遣。

一　为学事修业、时情通知，可选派少壮者十名左右上京。此旨知悉，将上京。

如上，申述御请。

明治八年八月三十一日（旧八月一日）

琉球藩王 尚泰

太政大臣 三条实美 殿

为当藩之御保护而设置分遣队。此件，就营地代价检查而陈述。自内务大丞松田道之处得知，为御保护而被召见，赐予代价。此非本意，奉愿免费。兹此申上御委托。

明治八年八月三十一日

琉球藩王 尚泰

太政大臣 三条实美 殿

当藩常有摄政官，乃最无稽之谈。此事乃改正之要件之御说明，已知悉。然藩事多端而设置。御谕示之趣乃御合理之事。近期将处置。兹此申上。

明治八年八月三十一日

琉球藩王 尚泰

内务大丞 松田道之 殿

当藩向清国隔年进贡，或清帝即位之际派遣庆贺使，且受清国册封。今起被禁止。且藩内奉明治之年号，年中之仪礼等，皆按御布告遵行。且要求藩制改革。此等件件，奉愿如同以往一般执行，而不被御听许。御示谕之旨，详情已知悉，震惊不已。诸官评议之上，奉愿如下。

一　当藩为皇国之版图，而臣事他国，乃御国权不立之最大障碍。若不速改之，对世界舆论无御答辩之条理，将成为政府之御缺典。关于此御说明。当藩向支那进贡，始自五百年前，此事诸国皆知。若新从他邦，所谓两属之体，则条理可变。先前文书内已陈述，当藩依支那之教化，知为人之道，政体诸礼式相立。又，蒙皇国之御抚恤，遂一藩生养之道，难以离开任何一方。且当藩为皇国御管辖之处，御征蕃役之际，与支那御谈判，结局明了。此事亦明白。其后，支那对当藩未作任何处置。去年秋天，渡海之进贡使，今年三月上京表文贡物，皆无异议被接受；赐物、使者不断，应对一如先例。尤同治皇帝崩殂之际之白诏，新帝即位之红诏到来，怀柔之厚，与从前无变。若背弃数百年来之恩意，绝贡职，则忘却累世之厚恩，失信义，人之道、国之道相废。信义乃守身保国之要义，万国同好之处。海隅偏僻之小邦，将之守为至宝。方今为御亲政之世，以信义向各国御交际。故就此事望宽宏御处置，使敝藩与支那相续，信义不失。即便对世界之舆论，亦有御答辩之条理，岂有御缺典之虞哉？往古以来，将皇国、支那奉为父母之国，数万世不变忠诚。此乃举藩一国之本愿，并无自私之苦情。望特别处置，允许向支那隔年进贡，更替之际之庆贺，亦接受彼之册封，一心奉愿如同从前。

一　如上所述，当藩之事，难以脱离支那。且年号及仪礼

等之事，按最初之愿，奉对皇国，用皇历；对支那则用彼历。年中之仪礼，亦按从前。新年、纪元节、天长节之御祝贺等，皆奉愿按御布告遵奉。

一 职制之件。本来，国家之政体，随时势之沿革、国家经营之便利而不得不变革，不可永世墨守旧制。此御说明之旨，已知悉。诚如御达，职制乃实现国家经营便利之至要。当藩职制亦应国情，随人气相定，贯彻政令民情。若藩内之景况与从前相变，而职制暂难执行，可改革之。然如前所述，于治民实际适宜之时进行改革，恐有失国家经营之便利、政务不周之忧。当藩自开辟以来，以“分”立国，与内地旧藩相异。奉愿以特别之御处置，不变革职制。

如上，国家重大之事件，各自条理有之。再度奉愿，委细将由摄政三司官申述。望以宽宏之御仁德御采用。

明治八年八月三十一日（旧八月一日）

琉球藩王 尚泰

内务大丞 松田道之 殿

又，有摄政伊江王子、三司官浦添、池城、富川各亲方联名之请愿书，与当藩之基调请愿书之旨趣相同，略之。

松田大丞受如上文书，读之，曰：今日之文书，除增加摄政免职之件外，其他与此前所呈备忘书之旨趣相同。夫这般小事，其翌日或后日当整理完毕。至今，日数重叠，却又呈上同一旨趣之文书，岂非强行请愿乎？假令数回提出，终究不会采用。当速归，向藩王申告。此前我对备忘书调制辩解书，当将之送呈于藩王。

御请与否，以后日九月二日为期交付返书。若御请，则据其处置，今暂滞留；若不御请，当乘到达之汽船迎阳丸归国。摄政三司官云：此事乃关乎当藩之重大事件，对该请愿书，贵君若不御采用，则请允许当藩派遣使者向政府请愿。松田云：我受政府之委任，我即政府，岂能允许另向政府申述乎？松田对国中下令，严禁琉船在任何地方开洋。

八月二日，松田大丞在随行官吏伊地知贞馨、中田鸥邻、种子岛时恕等陪同下至首里城。藩王代理今归仁王子、摄政三司官及诸官吏，列席见之。松田传递如下文书，曰：近日若对御达之条件无御请，当受严重之处分，此点当熟虑。

今者，就御达书之事，再度召开应对公席之前，与贵官等谋划，依一之方便而讨论。于内席，彼是互相论究，随论随答，事端百出，遂不免于论理交错。故就贵官之口述书之各条，添加对辩书，说明如下。

当藩乃我国之版图，而臣事他邦，为两属之体，此为国权不立之最大事。若不速改之，对世界之舆论，无答辩之条理。是非独我政府之缺典，随之关乎当藩之存亡而不得不警戒也。此乃今者御达书之一大眼目。关于此件。当藩往古，万事不调法有之。然成为支那之屏藩，差渡官生，受亲切之教谕，知人伦之道。尤又受赐闽人三十六姓，诸规模相定，政体诸仪式等相成，诚国家创立之恩义不轻。向支那进贡之事，不仅为当藩之大义，不忘恩、尽职、守信义之事，乃天下至公，并无自私之苦情。若能得御洞察，宽宏御处置之，即便对万国之舆论，御答辩之条理亦相立，而无御缺典。断绝支那，忘累世之厚恩，失信义，人与国之道俱废，岂有立天地间之理哉？尤与支那之续，自数百年前起，诸外国皆知。若新规而成他邦两属之体，则情义可变。且又当藩两属之处，对各国其隐无之，以御两国之御威权，古来无事。当前若蒙御两国之御保护，则当藩无存亡关系之念虑。

此件，受其教授，而使当国百事之进步，固非无恩义。今者之御达书，并非应当忘却其恩义，失信义之主意。而今于我政府与当藩之对清国之信义相比，有尤其重大、不可动、不可改变之条理，于义，乃不可使当藩民事隶属于清国之主意。故非当藩徒忘其恩义，乃随政府之命令，就其大义名分者。岂当藩之所谓人之道、国之道相废，而不得立于天地间之理乎。若使当藩臣事隶属于清国，则对世界之舆论无答辩之条理。无他，凡林列于世界之中，国之所成，乃基于其独立，与万国对峙，有内治自主权、物件之权、万国平行之权等诸权。隶属于他国，则不能充分拥有此等诸权。此等诸权之有或无，关乎其国之所成之大义，乃万国皆争，自行讲究议论之处。今我国乃独立对峙，充分有此诸权。然版图内之当藩，若臣事隶属于清国，则此诸权中之内治自主之权、物件之权，不能充分拥有。不仅如此，交际上将造成无法按照万国公法之障碍。兹举其二三事。譬若他一国与清国结战争，视此琉球为清国之隶属，掠夺而据有之。或其军舰在大洋中与琉球之船舶相会，不能保证不将其扣留。此时，我政府虽处局外中立，却不得不对彼一国起纷争。即清国与他一国之

争端，遂波及局外中立之我国政府，结局终酿成关乎我国安危之一大重事。其二，既如去年我政府与清国之纷争。若一旦事破结战，我政府不得不命此琉球人民与清国断绝往来，清国亦必命与我国断绝往来。于是当藩于处置上颇生障碍。又，近时我政府与清国缔结新条约，于其交际上，与其他条约各国毫无二致，一切皆依万国公法。然既为我版图内之地，又臣事隶属于清国，其交际上，内外之权益混乱，国权不立，将复生不测之纷争。如此皆平时两属暧昧体制之弊害，因时变而发生。于此诸般损害我政府之权利，即损害国权之事不少。如前所陈，对世界舆论无答辩之条理。所以今使当藩绝清国臣服隶属之事，乃不可动、不可变之重大条理。然往时政权在幕府，与他邦之交际亦未密，故未追究其条理，漫然度过。所幸依时势，未遇大障碍。而今乃皇政收回，万机新制之世，与万国之交际益密。内外之事务，皆照世界之条理、万国之公法而实施。于是当藩因袭其往昔，臣事隶属于清国；或今新属，均不合理，损害我国权。故今不得以其往者因袭之故而特别许之。且夫于政府，不得不为如此之时势条理之宜；于当藩，不得不从如此之大义名分之宜。然而，更不问之，只主张清国教授之恩义，岂非误认事理之大小轻重哉。因受他邦之教授而使其国事进步，世界万国其例不少。我国之往古，未开明之初，应神天皇之朝，百济国贡缝衣女；又，王仁入朝，献《论语》《千字文》；又，贡酿酒、冶工。钦明天皇之朝，百济国献佛像及佛经；又，贡五经、历、医诸博士及采药师、药工等。敏达天皇之朝，百济国献佛经、僧尼、

佛工。崇峻天皇之朝，百济国献舍利僧及诸工。推古天皇之朝，高丽及百济之僧前来，大弘佛教。圣武天皇之朝，多治比广成、下道真备[①]自唐还，献孔子及十哲像、唐礼、大行历者。嵯峨天皇之朝，定朝会之礼、冠服之制，咸以唐制为准。近者，与欧洲诸国交际益密，文学、兵式、技艺，遣学生、聘教师，受彼之教导骎骎也，致国事之进步。故其佛儒之从事者，受清国之恩义；文学、兵式、技艺，其从事者，受欧洲诸国恩义也。政府受其各国恩义，乃因各其道而受恩义。若如当藩所论，不论有如何大义名分，亦不可取代恩义。则我政府及人民，虽临本国之大义，亦不可与清国及欧洲诸国抗衡。如是，岂有对本国如此不义不道之政府哉？岂有如此不忠不爱之人民哉？对本国之大义，政府者、人民者，以全国之力，就其大义名分之所在，当尽爱国之义务。今当藩之于我本国，正临此际，乞勿谬大义。且试为当藩计谋，以当藩之势，固不可独立成国；又，依世界之形势思量，此两属之体，假令政府许之，亦难持久，此乃自然之理。然则，为人民永久安堵之计，不得不属其中一方。而若择其所属，则衣食者，住居者，商法者，交际者，着眼于阖藩所赖以成立安堵之便利也。否则只着眼于维持王爵，墨守旧格古例之便利，此乃当藩王家之私，非为阖藩人民之谋。其对人民之不亲切，莫大于此。然若选阖藩赖以成立安堵之便利，则岂非

① 多治比广成：飞鸟时代至奈良时代的贵族，733 年为遣唐使。下道真备（695—775）：下道国胜之子，后改姓为吉备，即吉备真备。奈良时代的政治家、学者，公卿。717 年作为遣唐学生入唐。

属我日本哉？何况古来为我国之版图，今若定所属为此一方，岂非大义名分之所在乎？其为阖藩人民，当深思得失利害之如何。

就琉球地理、人种、风俗、语言等诸件而论，固为皇国之版图，所谓地理上之管辖。此件，当藩处皇国、支那之中间，地理之气脉，与御两国相连续，人种、风俗亦与御两国相似。语言常式，交通繁有之。故与皇国相似。是以难以陈述一定依靠何方。

此件，所谓琉球国地理之气脉与日清两国相连之论，乃是因何之所见乎？若如所论，则不得不言日清乃地脉相同之国。岂有如此妄说乎？我国与清国地脉断绝，判然明了。我国地势，自东北向西南走向，其地尾，九州诸山之地脉蜿蜒起伏，遂至八重山岛尽。其形宛若蜻蜓，琉球诸岛在其尾，是以谓之琉球乃我国地脉。又人种风俗与日清两国相类，语言因交通之繁而与我国接近，故难以定属哪一国。此论，只不同之见。此琉球之人种，骨骼体格乃我萨摩人种，其风俗为最多，就中有我古代之风趣。然随世之变迁，依与他之交际，自然变迁，日清两国之风习亦混同。于其语言，单词亦因交际而自然变迁。然多我之古语镰仓言、萨摩言，仅掺杂支那语。本来此琉球人民专在萨摩与支那之间往来，不常与内地诸方往来。就中久米村显然为明朝之人种迁徙。然不仅多使用我国语言，还存古语，则为我国人种之一证。语调、语音、文章，不依交际而自然变迁。就中，语调虽可学，却不能变迁。闻此琉球人民之语调，纯然为我国之语调；语音

乃萨摩之语音。关于语音，正如用于名词之上、动词之下，此乃我国语之最显著之证。如此，有历历证据。故，就地理、人种、风俗、言语等而论，是谓之我国之版图。

未受支那政府之保护，所谓似政令之管辖，而无实之件。当藩自弘化至文久，外国船频繁渡来，和好交易等，小邦难应。法、英、美三国之人员，轮番逗留藩中，担忧至极。故向支那恳求，与各往来之长官示谕离去，而至无事平稳。如前所述，保护之事有之。

此件，法、英、美等来琉，皆依清国之请谕退去之事，今初闻，大为疑惑。若果然，彼三国曾与当藩结之条约，明治五年又与我政府缔结，却不与清国缔结，是为何哉？即彼三国认为此事实与清国无关。且三国初来琉之时，自鹿儿岛藩调往若干兵员以备变，内外皆知。其保护之实迹，彼当不可同日而语。

清国所言琉球乃己之管辖，独对当藩而言。对我政府自不必说，对世界亦不可言。毕竟中古明主招谕之时，未明确绝我之管辖，又显然未得我之许诺。只琉球国主擅自应谕，以之为幸。此等结私义之事，照世界之条理，更无名分。此件，当藩进贡之规则，记载于明清会典中，诸国皆知。故如前条，逗留之法、英、美人，皆依支那之示谕而离去。且当藩往昔，与皇国、支那、朝鲜、新罗、爪哇国等往来，并不服从任何一方。中古依明主之招谕始进贡，其时支那并未命绝皇国之管辖，亦无须得皇国之许诺之条理。非以擅自应谕为幸，无结私义之事。是以申述不同意无名分之意见。

此件，就我政府之所见，大为相反。此琉球国乃我上国神人开辟之地，天孙氏即其裔，古史详细。然凡世界之中，草昧之古，事皆属神意，不可以人智事理推论。假令论之，今世人间仪式上，亦不必要，只各国备其谱系。故我国常以神武帝以来而论，清国以伏羲以来而论，欧美诸国以耶稣以来而论。故今此琉球国之事，徒溯上古而论，不仅无益，还将涉及讲史学者之所为，而非官吏谈判上之要务。上古之事暂且不论，就中古以来而论，推古天皇之朝，南洋诸岛之人初来朝。至孝谦天皇之朝，年年朝贡不绝，屡赐禄位。永万元年，源为朝①自伊豆大岛来航，娶大里按司②之妹，生尊敦，是则舜天王，今王则此末裔。文治三年，岛津忠久为守护萨摩国、大隅国、日向国三州，兼补南海十二岛（《平家物语》中将冲绳列于十二岛之内）之地头③。文中元年，明主朱元璋遣使臣杨载招谕。当时之国主察度应之，派遣其弟泰期朝觐明国，然对我国如故。嘉吉元年，足利义教④赏岛津忠国⑤于谋反中讨伐之功⑥，加封琉球国。实德元年，尚福金王

① 源为朝（1139—1177）：平安时代后期的武将。

② 按司：琉球语，首里那霸方言。琉球国历史上的地方行政单位，后来成为琉球国贵族和地方豪族的一种称号。

③ 地头：封建时代领主指派管理庄园的庄头。

④ 足利义教（1394—1441）：室町幕府第6代将军。

⑤ 岛津忠国（1403—1470）：室町时代的武将，守护大名。

⑥ 日本《岛津家谱》和《贵久记》中记载：嘉吉元年（1441），幕府将军足利义教命岛津忠国“诛杀”有谋反之嫌的足利义昭，并将琉球赏给岛津忠国。详见林炜编《通航一览》卷一，国书刊行会1912年版，第6页。

派使上京师朝觐足利义政，纳方物[①]。天正十七年，尚宁王遣天龙寺僧桃庵及安谷屋亲云上，往京师之聚乐第[②]朝觐丰臣秀吉。征韩之役，七年之间，转交于萨藩，送兵赋至肥前名古屋。庆长十四年，岛津家久征讨之末，尚宁王、三司官等各赠誓书三章，完全为萨藩之隶属。纳租税，在此地设置萨官，割舆论岛以北之五岛为萨之直管。从此，每至国王之袭封、德川氏之继统之时，岛津氏率琉球之正副使，朝觐幕府。庆长十六年，检琉球全岛之地，若临饥馑，送金谷救之；若有警事，送兵员备变，如此等等。近者，皇政维新之后，明治四年为鹿儿岛县之管辖。同五年，伊江王子、宜野湾亲方、喜屋武亲云上等上京，祝维新之庆事。其时，将当国作为藩，将主作为藩王，任一等官，叙华族之列。为藩内融通，赐金三万元。在此地设官，同年为政府直管。同七年，征蕃之役起，遂以清国政府所偿金额，赈当藩受灾人民之遗族。又赐蒸汽船。其他，如藩债消却等，亦多受恩典。加之当国原本地理者、风俗者、语言者、神祭者，皆为我国之部分。且用我国之货币，半用我国之年号，佛寺创立之基源亦来自内地。夫古来为我国之版图，政府行保护之事务等，历率如此。故是谓之我天然之隶属。由是观之，明国之招谕，远在我之后，而只行册封，半用其年号。至其保护事务，岂可与我政府之保护同日而语哉？或可谓绝无保护。故谓之如同结私义。且

① 方物：指本地产物，土产。

② 聚乐第：丰臣秀吉在京都建造的府邸。

虽似政令之隶属，而谓之无其实。若又假令于我之前招谕隶属，然庆长年间岛津氏征讨，遂擒国主等大变故，明国未出一兵救之。加之对割舆论岛以北五岛置之不问，宛如秦人之对越人。当藩之人，为何出言庇护之？此事绝非明国之阙典，乃当藩不告此变故。于正理，绝无可取之处。毕竟，假令当国不告知，于明清，已之管地为他邦所夺，凡三百余年，岂能言不知之乎。若真不知而不问，或知而不问，皆未尽其保护之义务。既三百余年，岂能对世界觍颜言琉球为已之管辖乎？又，彼于台湾之事，何以不亲自处置牡丹社？向我政府支付给于当藩受灾人民之金额，何以不自直向当藩交付？何以视我征蕃之役为义举，向我政府支付若干偿金？是皆不可言琉球乃清国版图之证。然而，今论此等之事，既属冗言。因我征蕃役之结局，我政府与清国政府之间已明了解决。

征台之际，当向我政府交付金额，给予受灾人民之遗族。若清国必将琉球作为已之管辖，而向世界公唱，为何不亲自处置牡丹社而保护当藩下人民？此件，台湾御征伐，由皇国御处置。故如前所述，集结御抚恤银，向皇国交付。且逢杀害而生还者，支那丰厚保护有之。此外，对当藩发来咨文，可见对台湾府惩行径、警强暴、示怀柔之旨。其上，台湾御征伐以后，支那对当藩无任何裁断。进贡使上京，接受表文贡物等，对藩王及使者各自赐物。其外，如从前一般亲切接待。且皇帝崩殂之白诏，新帝即位之红诏等到来，先规全然无改。由此可见，清国对当藩未废绝情义名分。

此件，清国向我政府支付偿金，给予当藩受灾人民，乃我征蕃之结局使然。若依当藩之常言考虑，可谓甚是矛盾。毕竟，当藩之属我政府之事，向来对清国保密。然清国视当藩于我政府乃管外之一国。为其一国，而起征蕃之役，清国必当问之非。岂有达成结局，支付偿金之理乎？乞勿作枉辞。此事专与保护管内人民之大义攸关，清国视之为义举，乃支付偿金。又若清国对当藩告知，将亲自处置藩地，则此言奇怪之甚，或不得不怀疑此为清国之虚言。无论如何，若既亲自处置彼之藩地，则必当问我征蕃役之非。然何以视之为义举并支付偿金乎？是则决不能亲自处置之证。乞去年来，就此事之履历始末，当稍顾念考虑。又，生蕃以后，清国对当藩更无一告知，进贡依旧，行受纳之式。对于此等当藩之事，征蕃之结局，既日清两政府之间已决定，事皆在我政府，故清国对当藩无特别告知之理。其进贡受纳，尤属去年之贡物。假令本年收纳，亦有收纳之理，对两政府决定之事宜更无妨碍。若本年以后之事，决不可施行。又，白诏、红诏到来之事，甚无条理。与去年征蕃结局之际，对我政府之协定甚是龃龉径庭。清国之所为甚是奇怪。我政府若闻之，盖当行相当之处置。乞誊写其白诏、红诏，呈送之。夫依前陈之条理，清国对当藩之情义名分已绝。

藩王其任重大，乃我藩屏之职分，其品位贵为一等官，在列华族。于藩内，为达其利用厚生之道，船舶往来、人民交际、万货需要等，皆因其自主之权利，随意行之；加之与内地往来，前途益盛。阖藩因以成立安顿，未见丝毫缺耗之处。此苦情，果真为何苦情耶？此件，诚然对藩王御处置一向御丰厚，奉存感激。然若断绝支那，则以往为达利用厚生之道，与彼船舶往来、人民交际、万货之需用等，有何面目实行哉？此事不可。当藩与支那之续，乃大义之所在。夫故再三申述，无丝毫自私之苦情，因袭旧格之事。

关于此件。与清国绝臣事隶属，则船舶之往来、人民之交际、万货之需用等，有何面目行之？此言甚为难解。绝其臣事隶属，非妄自废信义而绝之。乃依彼我两政府决定之主意，从我政府即本属政府之命令，就大义名分而绝之。其船舶之往来、人民之交际、万货之需用，乃依自主之权利，从交际之道理，即以万国公法之准而行之，有何失之面目？有何不得行之乎？然既有如此条理，更不问之，只言失面目而不得行之，是即自私之苦情。乞深思。

向清国公告属我政府等言，乃最大谬误，对我政府失敬之甚。此件，皇国御管辖之处，自鹿儿岛县管辖之际起对支那隐秘。当时御和谊之际，如从前未终结。皇国既已建成主要街道，当藩于今当全部向支那申明，明确勤勉于御两国之御奉公。如上所述，恳愿御闻。

此件，若依此书中之辩解，甚是，了解其旨趣。故斗胆对政府失敬而不陈述。然今日之命令，若对清国保密我政府管辖之事，则绝臣事隶属；若公之，亦非允许之主意。无论行何种方法，到底不合理，乃不许之。

政府对当藩之国体政体永久不变革等命令，未曾有之。只明治六年，依外务卿副岛种臣之指挥，外务官员向当藩官员所赠文书之意，即藩制不易变革之意。此件，当藩之国体政体永久不相变，其意旨以御书相呈。明治六年，向副岛种臣殿奉愿，接受前述御书时，因不明白国体政体永久不相变之意旨，而向外务省官员等询问，确认其所含之意旨。取文书后，经御询问，以其意旨文书，陈述御礼而受纳。依当藩御管辖之本省总裁之御指挥，对此御达之御旨趣，即政府之命令，藩内上下感激不尽。而今更有如前御演说之错综，及外务省承诺之事。

此件，假令外务省官员述，书中含有国体政体永不变革之旨趣，然现当藩作为证据所持文书中，并无明文。如此，不才不得取用之。故明治六年，副岛外务卿所传达之主意，即当藩作为证据两持有之书面之主意，非国体政体永不变革之主意。因此，判定为藩制不变更之主意。且政体本当随时势之沿革、依政事之便利而改。依此道理而变革，自天皇陛下至有司、人民，皆不得以其一己之私情而拒之。先前以来，屡屡说明。故外务卿虽为太政大臣[①]，亦无法保证其不变更，又非应当保证。此不待论，已然明了。虽然其时当藩所进呈之请愿书中明文书写，明白国体政体永不变革之旨，而外务省领收之。然当藩即将之视为国体政体不变革之保证，此言并非无一理。故不才并不擅自压抑，因熟思，当藩于此事只有义。将外务省领受请愿书，视为不变革之保证，因而要求

① 三条实美是最后一位太政大臣（1871—1885）。1885年日本内阁改制后，不再有太政大臣一职，而外务省在改制后保留并未做变动。三条实美在1868年任外国事务总督，副岛种臣在1871—1873年担任外务卿。

政府实践外务省之保证，故今者不遵奉藩制改革之命令乎。是为其一。辨明此事于时势之沿革、政事上之便利，皆不得不为之道理，速遵奉今者之命令。而以彼之外务省之轻易处置，驳其对当藩不诚之事，请处置乎？是为其二。此二者，无论哪一方，惟其意当仔细考虑。

今者之御达书，固非变革藩制之主意，乃施行藩制之中职制之主意。有此藩制，则必有此职制。此件，关于职制，第一乃是为谋藩治之便利而设置，有至要之理由，若当藩至今之职制难以施行，改革可有之。应国情，随民心，立体裁，四民各自安分励业，于治民之实际适宜处改革，政务或有失国家经营之便宜。如前所陈，往古以来，以“分”而立国，王号等有之。奉愿与御内地旧藩区别处置，如从前一般施行。

关于此件，当藩之体与内地之旧藩无异。当藩称王，旧藩称侯，均称君主。则君临管民，使统抚，充藩屏之任，是亦当时一种体制。然无论哪一国，在其一君主之外不可再有君主之体。故旧藩诸侯辨知此大义名分，奉还土地、人民，为藩知事，直尽其人臣之区分。今当藩虽称王，然非独立国君，又非附庸国君，乃我藩屏之任，地方之官。是以藩治当由藩王亲自担任，其他官吏当参之，属之，从事之。今视当藩之制，治权皆归摄政三司官，而非归藩王，无体面。就中摄政之名即专有藩王之治权，政府岂能将此藩治不摄于王而摄于一官吏耶？必责藩王以任，责参官辅助，以奏治功。故今改革之职制，其藩屏之任、地方官之职务，乃重要之位。有此藩制，则必有此职制。且此职制之施行，于当藩之事实更无妨碍。毕竟，只改各官之职名，将治权职分专归于藩王，为其体面。实际至其治，奉年号及颁历[1]、奉法制、货币使用等大制除外，悉按当藩之适宜委任，一切如故。然犹唱妨碍藩治而拒之，此无他，乃不得不谓之墨守彼之旧格古例，而不欲就新规之姑息心所发。乞稍顾念考虑。

以上，毕竟只记席上讨论之大略。且十四日，本月两度向藩王所发之说明书，与不才抵达琉球以来对贵官等屡屡论述之旨，互为参考。当审视其论之序。而此内席之讨论，直视为公议中之恳谈部分。与他日公席应对之部分，权义相异，曾互为约诺。

明治八年九月一日（旧八月二日）

内务大丞 松田道之

伊江王子 殿 浦添亲方 殿 池城亲方 殿 富[2]川亲方 殿

与那原亲方 殿 幸地亲方 殿 喜屋武亲云上 殿

内间亲云上 殿 亲里亲云上 殿（内间乃大宜亲方之长男，亲里乃伊舍堂亲方之长男）

不才今日突然临此处，无他，乃就今者御达书之条件一事。不才着琉球以来，对阁下及摄政等诸员辩论说明数回，然不领解其条理，只作不当之答辩。遂昨三十一日，以答辩之旨趣，陈述已尽藩议。不才视其各条，每条犹不合条理。

① 颁历：指天子向臣民颁布日历。

② 原文为“当”，疑为讹字。

依其旨趣之叹愿，不听取。乃对三司官陈述，明二日十时速当遵奉，然藩议方向之决正在明二日。事情既可谓急迫，于是，不才对阁下及摄政及诸员，有不得不进一言之事。若遵奉今者之事，则无需多论；若不遵奉，其叹愿不被听取，就其不遵奉之事，即反我政府，政府必对之行严重处置。是则关乎当藩王家废存之一大变事。而今之命令，若不遵奉，更不知他日有一大事变，今日岂能只冗漫尽藩议乎。然事甚迂阔，其时千悔亦不可追。今速图改，当遵奉之。若或，固知他日有一大变事，假令其一大变事之际，即便关乎当藩王家之废存，对清国亦能不变情义，决断然不拔之义乎？然实粗暴之非义。阁下对家祖，不孝莫大于此；摄政及诸员对阁下，不忠莫大于此。此二者，无论出何者，皆不智之策，实为藩王家大忧之处。然阁下及摄政等诸员，只以非义不智为是，而不为藩下人民谋划。呜呼，独可怜者，藩下人民也。不才今者奉命令而来，目睹此非义不智，不可置之不问。明日奉答之前，向阁下及摄政等诸员质问一言。若不遵奉，他日有一大变事之际，阁下及摄政等诸员，将于彼二者中之选何者乎？当仔细考虑之后答复。兹待贵酬。

明治八年九月一日 于首里城中

内务大丞 松田道之

琉球藩王 尚泰 殿

八月二日，藩王代理伊江王子与三司官及喜屋武亲云上一同至那霸，见松田大丞。曰：当藩与支那之关系，由政府向支那谈

判；自支那而来到之咨文，当御请，请御处置。呈文书如下。

当藩与支那之续，再度奉愿如从前一般，然以不合理之由，不御采用。御严达[①]之旨已知悉。此上，难以申述御断。然则，如以往之所陈，当藩与支那有五百年来之恩义。其上，征台之末，支那御谈判以后，处置全如从前不相变，难以立即断绝。望政府与支那之谈判，免除进贡。自支那咨文到来之后，奉愿御请。

明治八年九月三日（旧八月四日）

琉球藩王 尚泰

内务大丞 松田道之 殿

松田见之，曰：当藩为日本之管辖之事，征台事件谈判之时已确定。当夏，白诏红诏之来，实属意外。此事，政府必须向支那谈判，先取白诏红诏之誊写。然当藩所言支那到来之咨文御请，乃守支那之命令，不遵奉政府之命令，不敬至极，决不采用。既决定日限，却因往复徒费时刻，甚不可。当速归，报藩王。伊江王子等归城。松田大丞由随行官吏陪同，抵客馆，遣如下文书。

不才今来客馆，御决定后御报知此事。兹此御照会也。（客馆位于中山门之内左侧，乃招待国宾休憩之所。）

明治八年九月三日 内务大丞 松田道之

伊江王子 殿 浦添亲方 殿 池城亲方 殿 富川亲方 殿

① 严达：严厉通知的意思。

对前书到来，伊江王子及三司官、其他随同官员等抵客馆。见松田等，曰：当藩与支那之续，征台之后亦受纳贡物，白诏红诏到来，与前无异。若直绝进贡，则不仅不能安于理，若支那派遣使节问罪，国事将陷艰难。如前所陈，望御允许。松田曰：随支那之命令，而背政府之命令，对政府岂非失礼义乎？若为白诏红诏之来而疑惑，当速呈上遵奉之御请书，更当与支那提出谈判。与支那相绝，乃出自政府之命令，不得已之事，无责备当藩之理。假令支那使节来，亦可回复，当向政府谈判。其责在政府，当藩无丝毫忧虑。三司官曰：此事关乎支那大义名分，藩中无人认为有条理。此情状，若不向政府辩明而直御请，委实不能心安。乞愿允许藩吏上京，向政府辩解。若政府不采用，当御请。松田曰：不才奉政府之命而来，岂可将不才置之度外而向政府提出哉？先前大久保大臣与支那谈判之时，支那并未有言，要撇大久保大臣，直向天皇陛下谈判。然最终达成良好结果。不才绝不允许藩吏上京，只以明日十二时为期，当返词是否御请。互相道别。

同日，松田送来如下对辩书。

本日，对今者之命令呈交遵奉之文书。视之，旨趣甚不合条理。与藩吏辩论，直摈斥之。然仅口述，恐有误传缪闻，故犹依贵书，更添以对辩书，说明如下。

兹当全文录入藩王所呈之文书，前出，略。

此书乃遵奉今者之命令而呈上之文书，不才熟阅之，却为不遵奉之主意。其所言由我政府向清国谈判，清国之咨文到来之上当遵奉。是即清国若有命令则当遵奉，对我政府失礼实甚。藩议每云琉球乃有信守礼之国。然今绝清国，忘五百年来之恩义，失信义，耻对世界。而依此文书之主意，虽对清国守信，而对我政府失礼。于世界岂能言之有信有礼之国哉？以此言对藩吏语，藩吏云：固非不从我政府之命令，然于清国有五百年来之恩义。今日若当藩绝之，乃自失信义之理，不可忍为。我政府于征蕃之始末，命断绝清国与当藩之间情义，乃日清政府明白决定。然就当藩视之，征蕃之役后，依旧行进贡受纳之式，且皇帝崩殂之白诏，新帝即位之红诏等到来，未绝情义。若不能绝其情义，而只依我政府之命令绝之，则他日必受清国问罪之师，是当藩一大忧。故依政府之谈判，一度得彼之咨文而后遵奉，对日清双方不失信义，当藩乃安泰之。如是所言皆非也。我政府对当藩下命令而使从之，在专有权内。岂能依清国，为彼之咨文而烦忧，尔后使当藩从我命令。岂可有此等损毁我政府之权利之所为乎？我政府对当藩下今者之命令，乃专有之权内之事，即于征蕃之役结局，日清两政府之明了决定之处。其依旧行进贡受纳之式，原属去年之贡物，于两政府决定之事宜更无妨碍。至于白诏、红诏到来之事，与征蕃之役结局之际，清国对我政府之约，乃龃龉径庭之所为，我政府当对清国行相当之处置。对于此事，当藩必须从我政府今者之命令，此乃不才近日来屡屡说明之处。故当藩若依日清政府决定之主意，从政府之命令，则清国无遣问罪之师之理。若就此事清国起纷争，彼必向我政府质问，然我政府有百般条理答之。到底属日清两政府之谈判，当藩显然无负担此难事之忧。又得清国之咨文而后从我政府之命令，乃不失对日清双方之信义。此见甚谬。是则谓无清国之命令，则不从我政府之命令，可谓轻蔑我政府之最甚。何以言之对双方不失信义耶？对我政府，实失信义礼遇。阁下及藩吏之所见，其不合条理大率如是。其不合条理之旨趣，含蓄于此书中，不才焉能见而受之乎？是以断然摈斥之。熟为当藩而谋，若对日清两政府不失信义，只有一途。即第一，近日来不才之所说，即对我政府之主意，当藩认可为真确，对今者之命令呈遵奉之书。第二，绝难以断绝彼五百年来之恩义，乃对我政府之主意认可为真确，从命令。虽然彼征蕃役后，依旧行进贡受纳之式，白诏红诏到来。视此等之事，似未绝情义。故当藩未能快然应允，而欲在我政府对清国谈判之上判定。故遵奉今此命令，乃认可我政府之主意为真确。若清国认为我政府之主意非己之主意而起纷争，当藩遂决清国之主意，则我政府之主意非真确，即当藩遵奉我政府之命令固非本旨。依之，今对我政府明确表明此意，并具陈乞愿听理等旨，呈书。他日若清国起纷争，以第二书对之，其责归我政府，清国无督责当藩之理，当愍视而待。然对我政府不失礼待，对清国亦保全信义。夫如此，我政府取其遵奉书之时，以愍心取之，其意愿亦能裁制。乞速行之。阁下若犹不听不才之所说，不欲更换前议，遂不外乎不遵奉命令。若然，其不遵奉之书，当与前一日对质问书

所赠之答辩书一同呈上。至此，反我政府之意判然。我政府取其不遵奉之书，亦愤懑取之，当行严厉之处置。夫当藩对政府之愍心而不待，关乎当藩王家之存废，其理非得失如何，希阁下犹深思熟虑，早改藩议。

明治八年九月三日（旧八月四日）于首里城中

内务大丞 松田道之

琉球藩王 尚泰 殿

八月五日，因松田大丞昨日坚定吩咐，以今日正午为期必须返答，众官早起参集于城府。纷乱嚣然，而不能一决，更迁延时刻。松田由随员陪同，午前来客馆，再三督促，而不易得返答。午后一时已过，一等再等，气揉心焦。然本日入港之汽船送来《邮便报知新闻》[1]，见如下报道。

据福州之《Herald 新闻》[2]得悉，北京总理衙门命福州督府急遣军舰至琉球。报评，大概是为年贡收纳一事。

众官见之大悦，认为此乃得延期之良机。假令支那军舰前来，显然知其对当藩无障碍，却可援我，固为愿望之处。然以骚动为托词，三司官及喜屋武等四名，慌忙驰往客馆，大惊失色，

① 《邮便报知新闻》：日本明治时期的主要报刊之一，1872 年由前岛密创刊，是民权派政论报刊。

② *The Japan Herald*，1861 年于横滨创刊，是英国人办的英文周刊报纸。此处疑非同一报纸，此处应当皆为福州的报纸。

见松田，曰：果支那军舰来。方才那霸入港之汽船送来报纸，藩吏见之，一同惊愕失魂，不知如何返答，今乞暂延期。松田见此报纸，默然低回良久，即谓：报纸多虚言，难以信任。假令支那军舰到来，亦不会对当藩产生麻烦，政府自当处置，何至起骚动耶？夫不拘于此，速决评议，提交返答。三司官再三乞延期，见松田之心丝毫不动，无奈归城。松田即刻遣信函如下。

因《Herald 新闻》之复写之到来，阁下及诸官惊愕不已。先前三司官来寓，缕陈旨趣，已知悉。惊愕不已之事，亦在情理之中。本来报纸所载，乃世上之论客及唯利是图者流随意散记，或就某事有目的而记载，此等事时常有之。要之，十之七八远非真实。既去年，我辨理大臣[①]大久保氏于清国滞留中，报纸上种种虚张声势之事不少。近之，不才今者来当藩，东京诸报百般虚说流布。报纸之事，大凡如此，决不能因之狼狈。又假令不论何种军舰到来，若在不才滞留中，将由不才承担。若不才归京后，由内务省办事处官员负责谈判。其谈判既未决定，军队不得直接对当藩问罪或纠察。而其谈判之决定，若不经政府之评议，亦不可决。然到底属我政府与清国政府之谈判之条理。若到来之军舰不蹈此等之条理，直接向当藩行问罪等事，乃破坏政府与清国之和交条约之大事，不合万国公法之准。彼军舰必不致有此等疏忽之举动，当藩绝无蒙难之忧。故此无用之担忧，向诸官晓谕。且今者

① 辨理大臣：外交使节之一，仅次于特命全权公使。

命令之奉答，就此军舰到来之前后，与当藩之情义得失无关。乞速奉答。兹此照会。

明治八年九月四日于首里城中

内务大丞 松田道之

琉球藩王 尚泰 殿

三司官为辩解情状，派藩吏上京，频频请愿。松田曰：然。先制上京愿书，呈出。若条理允许自当准许。乃遣随官种子岛、河原田两氏去城府，请求内部阅览其愿书。三司官即呈出如下愿书，使之阅悉。

当藩与支那之事件，不断申述请愿，而不被御采用。若就此奉命，实难执行，困惑至极。如上，为向政府辩解情况，而派官吏上京申述。望御允许。

明治八年九月四日（旧八月五日）

琉球藩王 尚泰

内务大丞 松田道之 殿

两氏见之，曰：若按此，松田大丞决不会采用，必明白告知难以御请。即归去。众官决议，无论如何当上呈给松田。伊江王子、三司官及与那原、幸地、喜屋武七名至客馆，呈上该愿书。松田见过即还之，曰：如此暧昧之文书，终究不被采用，必难以御请。不可不清楚写明御断之旨。三司官等再三申述，更不听。归来。松田再赠如下文书。

本日所呈之文书，视之，其旨趣甚无条理。与藩吏辩论，直摈斥之。然仅口述，恐有误闻谬传。故依贵书，更添对辩书，说明如下。

此处，当全文录入上京愿书，前出，略。

此件不可听许之事，近日来屡次说明，阁下及藩吏已知悉。然今犹出此言，宛如忘却前日之事，实厚颜亦甚。故今又要费喋喋愚陈，对此文书亦不得不答，尤述一二言。不才虽不肖，奉政府之命，任委员。于奉命委员，调查藩情，遂裁断其叹愿之旨趣为不合条理，而不听许之。然置其委员不顾，欲直接向政府辩论，是辱委员即辱政府。此对他国譬如之，对他国所遣委员使节置之不顾，而欲直接对其政府谈判，则辱其使节，事同一。他国当以战问之，我政府当以法问之。假令今不才听许之，使藩吏上京，政府岂能对委员之不才置之不顾，而闻藩吏之辩解乎。夫如此不合条理之文书旨趣，不才绝不听许，直接摈斥之。事至今日，只乞速决定奉或否。

明治八年九月四日于首里城中

内务大丞 松田道之

琉球藩王 尚泰 殿

松田随之赠信函，督促必须按此前及御谈判所定，于今晚十时[①]之前御返答。众官心肝皆碎，精神焦虑，纷纷议论，亦无法

① 日本自明治六年（1873）以来，采取将一昼夜24等分的“平均太阳时”，以太阳通过子午线的12小时前为0时。一般将24时分为午前12时与午后12时，0时为午前0时，12时为午后0时。此处的“今晚十时”，当指晚上十点。

决，困苦至极。无论如何，本日中难决返词，频频请愿，乞暂给缓期。松田曰：然至明日八时，必当返答。即归去那霸之办事处。

八月六日，松田早晨来客馆，督促返词。众官协议，对松田返词，除支那军舰来琉之良机外无他，宜坚定以之请愿。伊江王子、三司官及小禄亲方、喜屋武等六名至客馆，见松田。陈述因支那军舰来琉之事，举藩骚动，无法决评议。至虚实判明之前，请求返词延期。呈出如下愿书。

诚如报纸之所见，支那军舰忽将渡来。向当夏归唐者调查，陈述归帆之际，支那亦有如上处置。则确实军舰将渡来哉。骚动至极。对御达之御用，诸官斟酌之后申述。迎阳丸归来之际向长崎表[①]发电报，向上海领事官询问属实否。故请愿御返答延期。报纸多虚言，且假令军舰渡来，当藩亦无担忧之御示谕，已知悉。然此事难以安定。如上，诸官于斟酌之上再陈述。望御贤察御听许。

明治八年九月五日

伊江及三司官联署

内务大丞 松田道之 殿

松田见此书，曰：诸君以支那军舰来琉之事为由，乞延期。摈斥之，则乞藩吏上京向政府辩解。摈斥之，亦起骚动，无法评议。无论如何，转变反复，专事笼络欺罔不才，其肆意之策略不

① 表：指事务所。

容置疑。岂可如此对待作为政府委员之不才哉！愤懑之色大起，扬声曰：速归返答。伊江等无法，归来城府。而松田赠如下对辩书。

据今日所呈之文书，更添以对辩书，做如下说明。

此处当录入伊江及三司官联署之全文，前出，略。

关于清国军舰之事，决不可动摇慌乱之主意，及今者命令奉否，与彼军舰到来之有无无关。昨日对藩王所赠文书及对贵官等说明之主意中，已明白表示。既贵官等闻其说明，使诸官镇静慌乱，而后又对今者之事尽藩议。至昨晚，藩王岂非呈出乞直接向政府辩论之文书乎？其书不被听许，遂复溯军舰之事，今又呈如此文书。其所为径庭矛盾，实无定论。总之，托事而迁延时日之策略，貌似柔顺，其实逞笼络欺罔之心，失道亦甚。依之，此文书之旨趣，不才绝不听许。当速决定命令奉否。

明治八年九月五日（旧八月六日）于首里城中

内务大丞 松田道之

致伊江 浦添 池城 富川

松田大丞在客馆待返答书之来。愤其不来，自来城府。百般唇舌鼓吹，严格责诛。三司官只唯唯以应，而无决定之返答。松田无法，退客馆。又遣中山、种子岛、福崎、河原田四氏至城府，频频督促，曰：至此时日迁延，成何体统。若非丝毫难以承认，当火速决定。至决定出，我等当留兹。一旦决定，当直制返书，让我等内阅。当藩众官吏，自松田临藩以来，每日参集于城府。百余人纷纷扰扰，其喧不堪，乞彼愿此。但凡被视为条理，虽纤芥之事，悉举之为返答延期之材料。然所言之处，皆被松田摈斥，无一奏效。乃明知若稍有强言，锐意拒之，则忽蒙政府之严责，难以预测将陷于何等不测之境。故虽为不应其命令之意思，常和悦颜色，言语谦逊，只作顽愚无知之容应对之，毫无抵触其愤怒之处。松田对有条理之处，一一解释晓谕，要其开明顽心；对其不动之处，气起，大声叱喝，苛责至极，宛如对三尺顽童。众官吏受松田责备，夜不寐，昼不休。每日从早至晚，协议嚣然。胸燎肝碎，食不下咽。遂精神困倦，身体疲惫，如醉如狂，面色青白，只大声叹息。至兹，极其急迫，无所适从，虽决定御请之返答，犹含蓄柔顺不抗之色，制如下愿书，交与四氏，使见之。

当藩与支那之续，有五百年来之缘由。信义之处，难以断绝。如是，向松田道之屡次申述，而无御采用。若就此御请，则藩中人心不安。乞派使者向政府申述，若再无御采用，可申述御请。三司官以口头奉愿。此事若亦不被御闻取，则难以直御请。申述如上。

明治八年九月五日

琉球藩王 尚泰

太政大臣 三条实美 殿

当藩与支那之事件，难以按御达直接御请，另纸说明。

为辩明情况，奉愿遣官吏上京。尤上京叹愿者，未曾有之。兹御请求。

明治八年九月五日

琉球藩王 尚泰

内务大丞 松田道之 殿

四氏见之，曰：关于不御请理由，其意思当明确记载。如此暧昧之文书，松田大丞不会听许。不受取之，即归客馆，报知事由。松田即赠如下文书。

御达书之旨趣，终将遵奉有之，抑或遵奉无之，御答已知悉。先前，对不才随行及在任官吏（云福崎、河原田两氏）申述，呈出对御达书之旨趣难以遵奉之文书。若口述与文意龃龉而难以御请，则御断之理由当明确记载后提出，御谈判。依之，御藩既决议终不御遵奉，至此再无滞留之意义。今退回那霸港。呈出如上判然之御断书，日后将有御达事件。望及早御呈出。兹此照会。

明治八年九月五日于首里城中

内务大丞 松田道之

致伊江 浦添 池城 富川

伊江及三司官至客馆，呈藩王之返答书，又被摈斥，枉然归来。松田即赠如下对辩书，归去那霸。

本日，呈出文书，表示对今者之命令不遵奉之旨。视之，文意甚暧昧。与藩吏辩论，直摈斥之。仅口述，恐有误闻谬传。故尤依贵文书，更添以对辩书，如下说明。

（此处，当全文录入藩王向三条公所呈之返书，前出，略。）

所呈此书，表示对今者之命令不遵奉之旨。熟阅之，与先前所呈文书之旨趣，有龃龉之处，且行文暧昧。即向政府申述，若不御采用，则申述御请云云。就先前之文书之旨趣而视，将不才置之不顾，而乞向政府辩论之书，绝非遵奉之主意，谓之与先前所呈文书之旨趣有龃龉之处。又，申述难以御请云云，谓其意非不遵奉，而只陈述其难以遵奉之情况。总之，其实乃不遵奉之意，但恐他日蒙朝谴而留应答之遁词，其策之狡猾亦甚。是谓之行文暧昧。不才奉命之权义，乃在于领收当藩对今者之命令决定奉否之职分，非只听藩之上陈之职分。更何况，岂有此龃龉暧昧之文字哉！依之，将其龃龉之处改之。于行文，若无明文不遵奉之旨，则不才不领收之。

明治八年九月五日于首里城中

内务大丞 松田道之

琉球藩王 尚泰 殿

琉球见闻录　卷之三

此前，与松田谈判至为急迫，三司官大恐。是为国家非常事件，遂不得不发动国人评议。乃向首里十五村之士人发令，聚会于各学校，阅览三条公松田大丞之文书。凡与松田问答之处，使告知。各村士人等若有报知，则每村数十老壮驰集，不分昼夜，评议纷纷，喧嚷嚣然。三司官又发令，决协议，将意见呈出。士人等协议，亦无其他建明之处，只窥众官吏之意向，决议当固辞政府之命令。各村呈出建议书，唯汀志良次村之士人等，不知该出何等建议之主意，闻他村皆提出固辞之建议，欲仿效此议上书。同村之士谱久岛亲云上忽然前来，对众人曰：松田之责诛，已急迫至极。诸君不知之乎？若犹固执，拒其命令，则触大国之暴怒，国家将陷于不测之大祸，重蹈先王尚宁之覆辙。明若观火。诸国能否复起兵援我国，不可预期。实危急存亡之秋，岌岌乎殆哉。宜用转祸为福之策，建议当遵奉政府之命令，乃至当。众皆附和此议，乃呈出当遵奉之建议。评定所笔者（三司官座下，执文笔之吏人）不收其书，曰：他村皆主张固守，独汀人主张遵奉，岂非异议乎？众官召汀人评定所笔者账之当笔者，强烈责备。此者即驰回自村，斥长老子弟，曰：各村人等能窥官长之心思，依协议而得上书其道，诸君岂可妄自上书臆见，大忤众官

之心志乎？我等亦甚失面目。依此，乞众人改前议，上书固辞。众官吏及各村士人等视谱久岛为唱邪议惑众人者，无不憎恨猜忌而痛骂之。又曰：汀人固陋愚顽，乃不通世情者，各处无不唱和嘲笑之。汀人等羞愧难当，无不忏悔因谱久岛而被陷于侮辱之境地。谱久岛精医术，乃藩王之侍医官；又得世上之信用，而不致被戕害。

八月六日，松田大丞裁定藩王及众官吏不遵奉朝命，赠如下文书。

关于今者政府命令之事，不才着藩以来，以政府之主意即条理之处，费百般辩论，而阁下及藩吏概不承诺。每每只不合条理之请愿，不才不听许之。此上，遵奉与否，除二者之外无他。遂前日，四日，将奉政府之命，作为委员之不才置之不顾，主张直向政府辩论，辱不才即辱政府。又，终究决定不遵奉之时，不才必要面阁下，述一言。及照会，（阁下）因病而谢。遂要检查其病况，又固拒之。前日，五日，呈文书表示不遵奉之旨。阅之，文意暧昧，为他日受督责之应答而含蓄遁词，乃政府决不受取之文书。不才直辩论并摈斥之。觍颜而不悔改之件件，可谓不应朝命，即反政府者。依之，不才裁定之。以后日，八日为去此地归京之日，将向政府详细奏陈之。然则，政府当以国法对待阁下即反者，对当藩前途进行处置。依之，将去之际，当领知条件如下。

一 书如斯也。

一 阁下谢恩代理上京之今归仁王子，及为刑律调查而上京之官吏，为修业学事，通知时情而上京之人员等，出发之事暂时中止。

一　所有藩吏上京之事暂时中止。

一　此期之内，当地人民向他之管地航海，每次当向内务省办事处申报。藩吏若不在他之管地，离开当地诸港之际，当详细申报其必要及所至地方等情况。

明治八年九月六日（旧八月七日）

内务大丞 松田道之

琉球藩王 尚泰 殿

此时，旧三司官亀川亲方（毛允良）已隐居，虽不参集于城府，然众官之内，浦添按司、名护按司、律嘉山亲方、泽岻亲方、小波津亲方、翁长亲方等，自城府参集退回，每必聚会于亀川之宅邸，各村士人亦多来会。相互评议讨论，决定拒绝政府命令之主意。结团体，立党派，众官皆主张拒绝命令。就中，此党之众官，得后援，而特逞势焰，无所忌惮。每次议论，必要成为主张之长。松田之责诛急迫，而随之益发固执，振舌喋喋，喧嚷嚣然。三司官大为惊愕震怖，不能议论，呆坐默居。此党之诸官指之为怯懦者，轻慢其不堪事务。各村人士亦对此党之议论，胆破瞠目，只能随其议。若稍反对其议，则被视为惑人之妄言。甚者，指名某乃通日本世情者，恶声辱骂之。有识之士，只卷舌锁唇，胸中悲叹哀泣。藩王自松田来临之后，卧病闭居于宫中，专由近习署头侍奉王命。今番甚畏朝命。见众官顽愚，不悟危殆，只管轻慢朝命，而叹息不已；见三司官亦心志已弱，扶病出坐便殿[①]，轮流召见众官五六名，谓曰：朝命急迫至极，国家能否保全无恙哉？众官皆曰：政府以威严临我，其势不可抗。今三条公之达书及松田之说谕书，又同人之口述等，皆不过为示威诱导，虽固辞之，亦未至危殆。藩中宜齐心协力，以坚定拒绝为是。若能迁延日月，天朝（清朝）或闻之而有援助乎。众官之中，虽有人心中大危，但恐他人，不敢进谏一言，只附和众人，答藩王。

八月八日（新九月七日），藩王认为，众官执迷不悟，与其蒙危祸，不如遵奉，以保全社稷。命近侍头，问王子、三司官之意思，只重复遵从之意。藩王乃奋然决定，下遵奉朝命之命令。众官见之，从城府退散，各自归家。独龟川党之众官大失所望，或私下涕泣，曰：我等居卿大夫之门第，世世保爵禄。今后成日本维新之风格，唯有学识者升官受禄。我等家门当衰微，子孙冻馁（当藩之成规，按照按司、总地头、胁地头、平士，各定家格[②]。王子之次子以下，及按司之次子，总地头、胁地头之长子，官爵世袭。虽无学识，皆随年齿渐长而自升卿大夫。按司之三子，总地头、胁地头之次子以下，及普通之平士，常为平士，虽有学识，而不得升卿大夫。故云尔）。呜呼，以此言观之，可知众官努力拒绝朝命，固为保全家格，非爱国之事。藩王唯忧虑焦心，亦不宜哉。且从城府退散之时，中途高声哭泣，曰：首里中，岂无人哉！为何不早出相救耶？仍急忙煽动各村人。顷刻，驰集者百余人，直抵城府，做安排，堵三门（欢会、久庆、继世）[③]，将奉遵奉书之使

① 便殿：正殿以外的别殿，古时帝王休息消闲之处。

② 家格：家门、门第的意思。

③ 琉球首里城四面各有一门：前西向，即欢会门；后东向，为继世门；左南向，为水门；右北向，为久庆门。

者，留于城中。亦至书院及近习署，涕泣，要求取消遵奉之王命，嚣嚣然。推门扣阁殿中大为骚扰。藩王惊恐，不知如何是好，即下取消之命。众皆欣悦雀跃，屯集排列于前庭，向宫中叩首四拜，退去。尔后，伊江、三司官及与那原、幸地、喜屋武、内间等，为呈出藩王之答书，赴那霸内务省办事处。各村士人闻之，相报告。顷刻之间驰集，直向那霸追赶。那霸、泊村、久米村之士人等亦汇集数百人，于久米村南街，将伊江等留住，充斥于街道，喧嚣骚乱。三司官等百般辩解说谕，更不听取，且云：当一同至办事处叹愿。因其势不可抗，返回首里城。○此时，松田在办事处，闻士人之骚扰，避居他处。良久，待镇静之后，又至办事处，向藩王赠如下文书。

今者命令之事，久米村住居之辈议论沸腾。既今日，闻及粗暴举动。若然，甚无体统。待其旨趣及人名等明了之后，当详细申报。尤不才明日从此地出发，当晚中可来御报，向其随从及在任官吏提交。一书如斯。

明治八年九月七日（旧八月八日）

内务大丞 松田道之

琉球藩王 尚泰 殿

如上文书，晚间到来时，藩吏皆已归家，不能即答。

八月九日早晨，三司官制藩王之返书，赠之如下。

就今者御达之御用，藩内之者，议论沸腾；昨日，及粗暴之举动，其情已御闻。如上之动向、其旨趣、人名等知悉之后，派御官吏两名御交涉。此旨趣已悉，调查之。因对支那之续忧心之余，于三司官等去御办事处之际，首里、那霸、久米村之者云集一处，强烈主张拜访叹愿。若如其形，实为不敬。然因折回，其主张略有议论沸腾，而无粗暴之举动。其形请御闻，兹此御返答。

明治八年九月八日（旧八月九日）

琉球藩王 尚泰

内务大丞 松田道之 殿

此日，松田知琉人之固执，不易说谕，寻思徘徊，想出一策略。遣中田、福崎两氏至首里。面三司官，传达听许藩吏上京向政府辩解之意旨。三司官大悦，达到原本之意愿，急忙聚集众官吏以告知。众官吏皆雀跃，手舞足蹈，忘乎所以，宛如今者政府之命令已全然取消一般。各村士人等亦欣欣然，喜上眉梢。呜呼！松田之策略，宛如设圈套陷阱，笼络鸟兽之所为，虽三尺童子犹能知之。藩中如此喜之，竟不能思之乎？所谓“秦人不暇自哀，而后人哀之”乎？噫！

八月十日，为呈藩吏上京之愿书，藩王代理伊江王子、三司官及喜屋武抵那霸内务省办事处。见松田，笑颜相曰：昨日，承蒙特遣中田、福崎两氏，御传达听许藩吏上京向政府辩解之事，藩王及我等一同感激不尽。仍呈出其愿书。松田一阅之，即朱笔订正，云：如此，当调换文书呈出。将文书调换，且曰：此前谈判不顺，而中止今归仁王子及其他之上京。为尽早恢复和谊，解放之，许其上京。伊江王子等唯唯是应，退回。其愿书经朱笔改写，呈出如下。

当藩与支那之续，有五百年来之缘由。于信义之处断难绝。至此，被命令之际申述请愿，而无御采用。若就此御请，则藩中人心不安。故于藩吏之内，人选之上，委任不才上京。今，暂且向政府申述。其上，若无御采用，则于东京直御请。此事御请求。

明治八年九月九日（旧八月十日）

琉球藩王 尚泰

内务大丞 松田道之 殿

松田大丞受如上愿书，赠返书如下。

对本日所呈之贵书，对辩如下。

此处，当全文录入藩王之愿书，前出，略。

此前，请求直向政府叹愿，其要旨乃不遵奉命令之强求请愿。将奉政府之命之委员，即不才置之不顾，而直向政府强求请愿，此乃辱不才，即辱政府。依之，不才不听许。本日之所请，乃若政府不听许，则受阁下委任之藩吏将直遵奉之主意。此事，若能对不才明确保证，即此中有遵奉之意旨，则不顾作为其委员之不才，于理虽与此前相同，然强愿不遵奉与遂有遵奉之意旨，其轻重固不可视为同义。且当藩近日限于困难迫切之情，不才亲自视察，酌量之。则不才于所奉之权内，依一便利之方法，特别听许此请。依之，速选藩吏，给与委任，命其与不才一同上京。又，至昨日，谈判既破裂，他日归政府处置，故禁止谢恩代理今归仁王子及刑法调查、学事修业事情通知之人员，与其他藩吏等之上京；藩吏及人民于航海之际，必须向内务省办事处申告等条件，皆有所照会。本日，既听许所请之旨趣，则谈判复合。此前照会之条件，尽行解除。然既遵奉条件，皆当实践。谢恩代理今归仁王子、刑法调查之官吏、修业学事、通知时情之学生等，当速命上京也。

明治八年九月九日

内务大丞 松田道之

琉球藩王 尚泰 殿

就此，任命三司官池城亲方为上京使者，与那原亲方为物奉行，幸地亲方为锁之侧，喜屋武亲云上为赞议官，内间亲云上（大宜见亲方之长男）、亲里亲云上（伊舍堂亲方之长男）五名及吏员数名随行。且依据松田大臣之命，即藩吏上京当向太政大臣照会之旨，制如下文书，交付与上京人员。

当藩与支那之续，有五百年来之缘由。于信义之处，断难绝。至此，被命令之际，向松田大丞屡次申述请愿，而无御采用。若就此御请，则藩中人心不安。于藩吏之内，人选之上，委任不才上京。今暂且向政府申述。其上，若无御采用，可立即在东京表御请。此旨遂得松田大丞之允许。今者由池城亲方呈交，与那原亲方、喜屋武亲云上、内间亲云上随行。兹御请求。

明治八年九月十日（旧八月十一日）

琉球藩王 尚泰

太政大臣 三条实美 殿

八月十二日，池城亲方等与松田大丞同驾汽船，从那霸港开洋。〇池城等开洋之后，藩厅派遣王子、按司、亲方、亲云上等至首里、那霸、知念、玉城、国头、伊平屋、今归仁、普天间等寺院、山岳森林，祈愿神佛冥助庇护，政府采用我叹愿。

为庆贺清国光绪皇帝登基，王舅（除向支那进贡使者之外之临时使者，称王舅）东风平亲方及接贡船（为迎接进贡使归国，而向福州渡航之船，称接贡船）之官员等，以本年夏季开洋之目的，旅装已成，行李载船，只待顺风。适逢松田大丞来琉，发命令禁止与支那交通。依之，不得开洋，长久滞留客居于那霸，颇受消费之苦。至此，遂解除旅装，各自回家。

向清国进贡之使者，国头亲云上大夫（副使）伊计亲云上（蔡大业），去年秋，渡航福州，直上北京，竣进贡事务，返回福州。然接贡船不来，归国不得，今犹逗留。

龟川党之众官，私自会议。认为此前藩王遵奉政府之命令，乃怯懦所致，须上谏书，增强尊意而不奉。此事有误国家大事之忧，即命同党士族制之，给他之众官回览，要求共联名。其谏书如下。

我琉球与中华（支那）同文式化[①]，侍奉天王之道，行天地之大义不拔之国典。诚然将尽忠顺之御诚，世世代代无御更改，乃御本意之事。我主君以此道教导忠国，推行此道，谕民以孝，兴孝励忠，安国保民，乃至上之道。然若不与唐相断，则藩难以保存。然只有藩得以保全，才有机会行进贡哉。此事，难以权衡。琉球虽僻居中华之辰巳[②]海隅，然被封为天朝之藩国，以其威光至今亦受日本亲切之礼遇，不受异国之怠慢。当然以小国之弱恐大国之强，夫若有为仗势所迫之事，其时亦可行权益之处置。然其事无之。今有麻烦。彼之威吓虽轻淡，然若与唐相断，纵令被盗人威吓，防备之术不尽。子舍其父与臣不顾其君相同，难遁不忠不孝之罪。第一，对唐，非御本意；亦将被万国轻慢；大和之御待遇，亦将如何哉。然其时，国虽在，如同无；其时，君臣将被后世议论，终天之幕，此上无之。上无仰之所，下无踏之处，何以立天地之间哉！古来，对忠信孝子施强暴，不能事君父之诚者，有之；恐人之权威，自断君父之事，不时有之。然尤违背敕命，愚愿而不顺教化；或赖城郭之固，不供租税；或暴乱违背王法，受说谕亦不顺者。此等无之。彼之租税，如通常；与唐之事件，如从前一般被允许，则信义相成。此事，若彼专为一己之功利，轻慢我弱，无理威吓违背敕命，则受其惊，直断唐，自然将受唐之问罪，而无回答之言。自此，

① 同文式化：指文化相同。咸丰皇帝于咸丰三年（1853）赐琉球御书“同文式化”匾额。

② 辰巳：指东南方向。

与我国之信义顿时断绝。呜呼！以忠顺可嘉，守礼之邦，自向中国得罪；海邦济美，不保；海表泰藩之道，将失。第一，康熙皇帝对中山世土[1]之御趣意，不能实现；御额（忠孝可嘉、海邦济美、海表泰藩、中山世土之文字，乃支那历代皇帝所赐之额字）、御礼物亦难游[2]；对王位加御冠服、御圭、御印章，及其他唐之标准之御礼式亦废。却与日本内地相同。然藩之名目，虽有之而无意义，恐不能实现先王之御神虑。圣言有之：天之所助者，顺也；人之所助者，信也。忠顺信义之所在，重重恳愿。

亥旧八月

他之众官不肯联名，对藩王所发遵奉之命令，亦不以为完全失策。或云，此为援危机之一妙策；或云，其语意过于激昂，不恭处不少；或云，乃不适时机之盲论而斥之，遂不能向藩王呈出。有识之士叹曰：该谏书，是非颠倒，得失错乱，如全然不辩黑白之盲者之乱言，丝毫不知寒暑之狂人之妄语，当知其人冥顽不灵。呜呼！如此之辈，备官秉事，欲其国之不亡，岂能得乎？琉球乃天孙氏亲自开辟之国，成独立。壤地狭小，邻接萨摩之强藩。自尚巴志王之时起，遣使者，纳方物，修厚谊，几如附庸国。萨摩常窥衅，欲讨伐，使之为己之隶属，垂涎已久。琉船曾漂泊至大阪。丰臣秀吉公召琉人，面询国状民情，并云将琉球授予萨侯。其后，

① 中山世土：早期琉球国的称号。

② 游：流传。

萨藩起兵，欲伐琉球。战舰既至山川港，出事故而返。秀吉公征讨朝鲜时，萨侯率兵从之。乃向我琉球索兵赋，米数千石。琉球自萨摩之豪商等处借贷，纳之。对豪商等约定以年赋返还元息，交付证券，年年履行其义务。尚宁王之时，三司官谢名亲方（曾为官生，入明国国子监，留学多年）赖明国之强大，而轻慢萨藩。视向彼纳兵赋为不合理，怠慢向豪商等返还义务。萨藩以之为良机，发将士数千、战舰数十，来国，擒尚宁王及谢名归去。中山王统论曰：琉球自尚巴志王之时起，为萨州岛津侯之附庸之国。尚宁王听信一邪臣谢名，而失大诚。尚宁王入鹿儿岛降服，后随萨侯抵骏河，谒见家康公。乃将琉球赐于萨侯。此时，萨藩官吏二百余名来国，壤地悉丈量，田地之产额定约九万石。尚宁王囚居萨州三年，谢名亦被诛戮于此地。萨侯乃赐辞令书，命尚宁王世袭统领琉球国九万石。王即呈出誓文，表示子子孙孙恭顺服从，若违背则蒙罪罚。随行官吏亦呈同一誓文。尔后得以生还。嗣后，国王缵统之际，必呈出前述誓文；三司官任职之际，亦呈出誓文，成世代之规。且萨藩有命，琉球之产物，反布、芭蕉、苧赤、黑棕榈等其他，须年年贡纳。因其贡物之巨，大多以货款纳付。其后，根据九万石总量计算，改命纳付数千石，是所谓租米[①]。于此，削尚宁王之王爵，号国司。尚丰王、尚贤王、尚质王亦如此（对支那称王），尚贞王频频哀愿，终得以恢复王爵。初，尚宁王在萨州时，得萨藩之允许，遣王舅池城亲方去明国，乞进贡之延期，且曰：琉球蒙萨兵，困敝而不能修贡。明国固畏日本之甚，闻萨兵

① 租米：年贡米的意思。旧时向官府交纳的田赋。

入琉球，严加福州浙江之沿海警戒，预防其入贡。及至池城来乞进贡延期，遂发诏书，停止进贡十年。尚丰王之时，临十年贡期，遣使者进贡。且琉球自萨兵退去以来，与日本无一切关系。虽乞如从前一般，隔年进贡，然日本之情况难以预测，渐渐许五年一贡。五年期进贡，又频请愿，终被允许隔年一贡。若与我日本之关系败露，则有进贡之碍。如此，常向支那隐秘之。册封钦差（支那称敕使为钦差）来琉之际，在琉之萨藩官吏及萨商，悉移居浦添间切城间村。泊港之萨船，移泊至今归仁间切运天港，避支那人之耳目。平常国中融通，收宽永钱[1]，匿于官库；出鸠目钱[2]，于支那人滞留中，假装在市中流布。官衙寺院中之挂轴、钟铭及碑文等，凡涉及日本之年号、人名及与日本相关之物，悉收匿。国中所用物品器具，将产于日本者称为度佳剌岛产。往昔，日清互锁港，不通往来，不遣骋问[3]，不知我乃萨藩之内属之情。方今，日清两国缔结条约，交际贸易，船舶不时往来。我向支那进贡之情，欲始终保全而无妨碍，岂能得哉？又岂能期望支那援军之来？夫琉球蒙萨藩之控制苛刻，不得有丝毫不逊之举动。尚丰王曾有何种不逊之迹乎？不图忽然萨藩之使者来，称萨侯之命，赐御茶，面进茶汤。王饮之，即刻薨。盖鸩[4]也。又，某三司官得罪于萨藩，而被诛戮。国人悚然震怖，不寒而栗。故，对萨藩之指

① 宽永钱：江户时代的主要货币，圆形方孔，表面有“宽永通宝”四字。1636—1860 年铸造，沿用至明治初年。

② 鸠目钱：圆形，钱孔似鸠的眼睛。日本近世初期的私铸铅钱。

③ 骋问：指出访、访问官。

④ 鸩：一种毒鸟，相传以鸩毛或鸩粪置酒内，有剧毒。

挥惟命是从，不敢稍有抵抗。尚敬王曾受三司官具志头亲方之建议，国政颇效仿支那。听闻萨人云将咎之，即悉改为旧式。又爱好和风，讲习和谣及插花、茶道之法，向在琉之萨官学习骑马之术。对近臣小吏亦教之，竞斗其艺，是以国中和风盛起。不多时，得以解萨人之猜忌。尚泰王曾曰：我国若有错误，遇清朝之咎，尚可得辩解。而萨藩谴责，虽片纸只字却不得等闲视之。此尚敬王传于子孙之遗言，即具志头亲方对尚敬王之建议。就以上来历观之，党派、众官、士族之举动，可谓完全不知我国与日清之关系、古来事实之详细。

九月（新十月），藩王上京代理今归仁王子及调查刑法定律之平等所大屋子祝岭里之子亲云上、比屋根里之子亲云上、修业学事、通知时情之学生知花里之子亲云上（二十九岁）、安村亲云上（二十八岁）、松岛里之子亲云上（二十八岁），驾汽船赴东京。

祝岭等入法律学校、知花等入其他学校学习。恐此事被清朝听闻而生进贡之妨碍，于是托他事，向政府禀告，各自退学。于琉球藩宅邸，延请教师，接受教学。嗣后，两三年交换上京留学。

首里各村士族等数百人，群集于松崎（龙潭之上），纷议激昂，向藩厅上书，曰：去申年，上京使者伊江王子、宜野湾亲方，于东京领受封王之诏书，而酿成今日之国难，宜行严重之处置。且向政府申述，乞将其王爵返还。藩厅遣使，解释曰：今国家危急存亡之秋，众人当齐心协力赞翼叹愿。若有过激之行为，犯政府之暴怒，则妨碍叹愿。是以，众皆解散。士族等又集会纷议，曰：此前藩王遵奉政府之命令，乃近侍之臣（指近侍头安里亲云上）献邪议，受其蛊惑所致。如此辈在藩王之左右，贻误大事，当予以岛拂（指毁家宅，放逐异地之处罚）之处置。几至暴动。老成者于中劝解，事遂辍。此时，士族等会此家、集彼宅，议论沸腾，概无虚日。其啸聚会合，将一无名氏之檄文传播于各村，急报告出席。若不会同，即对该村征讨以示威。檄文所到之处，不分昼夜，顷刻驰集（按司、亲方、有职之士除外），然众皆不知其檄文之出处。问其由来，即龟川党之所为。会议之际，党人等必为建议之头魁，声高，握拳，只令跟从之。若稍有反对，则成怒骂、凌辱、殴击之势。众战栗，唯默默盲从。按司、亲方、有职之士等，虽不与会，亦为之眩惑，半信半疑，多有左袒其党者。伊江王子既辞摄政官，而国事多难之际，被命出朝参与。依之，每次出席朝会，而士族等屡屡沸腾，欲治其罪。即上书称病，隐居。将家业传于长男大城按司，而按司诸子亦谨慎闭居。旧三司官宜野湾亲方，此前已隐居，其长男宜野湾亲云上被任命为那霸里主官，是亦挂冠闭居。喜屋武亲云上被任命为锁之侧官，请辞职而藩厅不许，犹出席，执事务。又，今回陪伴叹愿使者池城亲方上京之平定所主笔（头目）山里筑登之亲云上（伊江、宜野湾上京之随行），虽辞职，然士族等甚嫉妒之，扰攘要将其岛拂而未成。乃命山里不许出门。平定所笔者久志里之子亲云上（与山里一同上京），未受非议。伊江早年，于旧三司官小禄亲方处罪之时，乃黑党（当时分为黑、白两党，黑党败议）之魁，而多遭人嫉妒。宜野湾与龟川之宿怨深刻，山里亦被众人憎恨已久。是以，不过是乘此机各报私仇之所为，唯喜屋武久志未有特异，故私议暂不问之。

八月二十六日，松田大丞归东京，向政府呈出如下复命书。

臣道之此前奉命至琉球藩。先授命令书，将朝旨之处，即条理之处，百般说谕。然藩议固陋，不服之。渐对设分遣队，及刑法调查之官吏、学事修业事情通信之学生上京等条件，呈遵奉书。且为拜谢征蕃役之厚恩，藩王当上京。然其以病之故，暂时延期。先请求以今归仁王子为代理谢恩。而至清国之条件及职制改革之条件，颇唱苦情，叹愿依旧如故。兹举其要领。关于清国之条件，有五百年来之恩义，今若断之，则自失信义，耻对世界。且对我政府于去年征蕃役之结局，清国与当藩之情义已断绝。然以当藩视之，征蕃役后，依旧行进贡受纳之式；又清帝即位之红诏等，亦近日到来。依此等事，其情义似乎未断绝。又论，当藩原依日清两国之庇护而成国，称之为父母之国而事之，非今初始，乃星霜颇古，世界皆知。因袭此两属之体，亦不敢毁损我政府之体面。甚至属我政府，远在属明国之后。于其职制改革之条件，今之官制乃依国祖天孙氏以来之国体，就治务之便利而立。则适应此国情民心而存之，未见其有障碍。然今突然变更之，反国情民心，致治务上之障碍。此前明治五年，副岛外务卿及外务官吏保证国体政体永久不变更此当兑现之。而入其中心肺腑而视之，虽有种种议论之因，要之，非着眼于其阖藩人民之成立安顿，即非为藩内公益而谋；而着眼于维持其王爵，墨守旧例古格，即为当藩王家之私利而谋；兼恐清国之谴责。甚者，追慕往昔独立国之体，念头不绝。而若只属我政府，则不得逞此私论之自由。与清国存两属之体，依之可得逞。故向来受我政府之保护深厚，近之，维新以来

受诸多恩典，有征蕃役之义举等。然受清国保护之薄，或可谓之绝无，不可同日而语。满藩非不知之。然就彼之私论亡自由之便否而论，其保护之厚薄，征蕃之义否，无暇问之。且我政府往时，对当藩以兵威征讨，以治权压制，残酷而使之卑屈，并非甘心臣服。当藩真正视之为恩惠、保护，仅维新以来之恩典，而犹未脱畏惧之心。于清国，固不受保护之典，亦不受压制之处置，持王爵之名誉，得附庸之国体。其私利上之便利，莫善于此。故今者对我政府之命令，问其服否之未，其私论迫切至极，心中虽反，幸无兵力，遂不成实践。于是，臣道之[①]主要将清国之信义与我政府命绝之条理相比。遂轻，而绝之。此乃从大义名分之辨，而绝情义。即去年，于征蕃役结局，日清两政府决定之主意已明确，然依旧行进贡受纳之式。此原属去年之贡物，假令越本年而受纳之，亦不妨碍两政府决定之事。至白诏、红诏到来之事，此与征蕃役之结局，清国对我政府之约定乃龃龉径庭之所为，实奇怪之事，我政府必行相当之处置。故当藩因此事认为，我政府于征蕃役之处置，其意非真，而对今者之命令不得不从之条。所谓父母之国，乃形容受其恩惠，非称其权义。以其权义而论，固为君臣，不得以一国事两国，即一人事二君，然不得不属其一方。而其所属之选，当着眼于阖藩成立安顿之便。若选其成立安顿之便，则岂非属我政府乎？何况地理者、人种者、风俗者、语言者，皆我国之物，岂非有天然隶属之

① 小字号，表示谦逊之意。下同。

义乎？且两属之体，于世界之道理乃不可为。置之不问，乃损毁我独立国之体面，于万国公法亦成大碍。于是，其自往昔之两属，与今之新两属，均不合条理。不能默许不改之而因袭之条。此琉球原是我神人开辟之地，中古逐渐尽隶属之义务。另，庆长以来，纯然为我版图，实迹益确凿，不论在明国诏谕之前或后。且去年征蕃役之结局，日清两政府决定之主意已明确之条。关于其职制改革之条件，往昔以独立之体而设官制；今则任我藩屏，为地方之官，与内地之旧藩无异。当时，亦一种制度，有此藩制，则必有此职制。故今者命令之职制，则为适应此藩制之所需。且今改革此职制，未见对其治务上有障碍，毕竟只改其官名。至藩治，奉刑律、奉年号、奉颁历、用货币等，除大典外，悉皆任藩之适宜。又，副岛外务卿之口述，外务官吏之官牍之旨趣，非保证国体政体永久不变更，乃藩之制不变更之旨趣。且原本国体等，宜依时势之沿革、政事之便利而变革。至天皇陛下、有司、人民，皆不得以私情拒其宜然者。何况外务卿固虽为太政大臣，亦不得保证其不变更，且非应当保证。当藩不得以其苦情而拒之之条。此等，追条理，责大义，或宽或猛，反复辩论数十回。然究其论理，则沉默不发，复主张前议，仍不基于条理。于是，臣道之以奉命之权内，因其叹愿不合条理，而不听许，命其速遵奉命令。尔后，犹藩议纷纭，其意既决不遵奉，然颇恐朝谴，藉叹愿以辞，所陈皆暧昧模糊。于是，臣道之至首里城，面藩王，欲大论。藩王以病之故，辞其面接。乃集诸官一百五十余名于城中，陈述必遵奉命令之条理。且

若不遵奉，政府必有严重之处置。对其处置，固知之，然难以变清国之情义而不遵奉乎？或不知之，只尽迂腐议论，不遵奉。他日临处置之际，至君臣狼狈，覆水难收之忧，始悟乎？如此陈述。对其所议质问，藩吏之中或有颇恐之色；或有论，当藩有条理而不遵奉，政府无严重处置之理。臣道之答之，政府若听许当藩之叹愿，则不遵奉固无处置之理。然政府认为当藩之请愿不合条理而不听许，遂不遵奉乃反政府。若政府对反者置之不问，则毁损国法，岂能不处置乎？依之，更改之，速遵奉。若决定不遵奉，谨待政府严重之处置。述之，退回。对藩王赠质问书，面藩吏，又屡次请求延长决答期限。自最初授命令书，殆垂五十日，而遁词百端，不告藩议之决定。其遂至无辞，以藩王病笃为由，不能决议。至此，臣道之大责其怠慢，且亲自临检藩王之病况，遂入首里，滞泊于城郭内之客馆，以督促。藩议遂主张直向政府叹愿。臣道之论之。道之乃奉政府之命之委员，认为其叹愿之旨趣无道理而不听许之。置其委员不顾，直向政府强愿，乃辱委员即辱政府。道之绝不听许之，摈斥愿书。不久，藩吏骚然奔来，曰：今自鹿儿岛勤务藩吏处得上海报纸之拔萃，视报知，乃清国急遣军舰，问当藩之罪之旨趣。是关当藩安危，藩王及诸官惊骇不知所措。故今者之藩议决答，请十五日之延期。臣道之辩之，凡报纸之物，多为世之好论者，或唯利是图之徒，或为一事有所图者之随意记录。其真者，十之三四。若此事为真，则驻扎清国之我全权公使必论之，中止之，直以电报向我政府报知。然其时我政府必不漫然对之，必与清国起谈判。

若遂遣军舰，则我政府为保护道之一行之官吏及当藩，必急送我军舰。清国军舰到达之际，道之若在当藩，则道之应接之。若道之去后，则由内务省办事处在任官员应对。其结局，属我政府与清国之谈判。若不依其谈判决定之主意，清国不得向当藩下手。若反之擅自下手，则至我政府与清国之关系破裂，乃万国公法不准之处，清国岂能为如斯粗暴之举乎？故无论何等军舰到来，皆非当藩忧虑之处。然对今者之命令奉或不奉，与军舰之到或不到皆无关，当速决定。于是，藩吏提出议论，然中心纷纭。且彼与清国尚未断绝情义之疑念益盛。而藩议遂穷，断然出不遵奉之旨。视其文书，其字里行间颇暧昧，如捕风捉影。盖他日蒙朝谴之际，留应答之遁词之余地，眩惑臣道之之眼界。于是，臣道之大责其狡猾欺罔之所为，且不能执如此不伦之书札奏政府。故其不遵奉之旨，若非明文，决不领受，以此旨摈斥之。又，屡促其决答。藩议忽溯前段，复及上海新闻，或请若干之延期。意旨错杂，主张不伦。然其实藩议既决不遵奉，只托事而延决答之期。此中，自有所赖之处。于是，臣道之断然决意，面藩吏。道之临此，督促已数回，而每托遁词。要之，只努力延决答之日期，其无礼之状亦甚。而其不遵奉之文书，亦不呈之，只强愿拒之。其对命令均不遵奉。依之，道之确认今其不遵奉，直离去此馆。今者以出港之迎阳舰归京，向政府详细上陈。道之今去此馆，乃谈判破裂而去。故此后视当藩当以反者视之。论：复以叹愿事为要，谨待政府之处置。直离去首里城，归那霸。对藩王赠一言。列举其文中不遵奉政府之命令，即反

政府之条件，责之。且述中止谢恩代理之今归仁王子、刑法调查之官吏、修业学事通知时情之学生等之上京；禁止藩吏上京；藩吏及人民航海之际，必须向内务省办事处申告，以待政府之处置之旨。其他特派公使之谈判破裂，拟归朝，遂定后日从那霸港出发。一行官吏皆整装待发，而臣道之窃思，当藩平日无礼之状实甚，政府势必处置。且仔细审视当藩治民之弊害、藩吏之所见，若不大破之，则阖藩人民之不幸实甚。故假令今者遵奉，亦不得不为前途变革。而今者不遵奉，即反之，或赴自然气运之大变革乎？加之，因不遵奉命令而行变革，自然有理，此与彼之副岛外务卿之口述、外务官吏之书札之旨趣非矛盾，毋宁改革正在此时。依之，臣道之归京上陈之日，当建议三事。其三事为何？依司法处断当藩王违制之罪；依行政命当藩王奉还土地、人民，遂废琉球，置冲绳县；依军务，将已决定分遣队入琉之期限提前，预防地方暴动。然既及此三事之案成，又退而熟思。政府为将命令下达给当藩，特命臣道之越此远洋，盖必使之遵奉政府之主意。然今若施行此三事，理势虽宜，于政事上之便利，遂不知其将如何。故臣道之宜溯此前奉命之主意，当案出一便方，反复思考，甚苦。其时，为视察当藩之情况，臣道之愤然离开首里城，将归京。因此事，人心颇恟恟，藩议遂分三党。其一，恐政府处置前途，论速遵奉之事。遂或以哀诉，欲止臣道之归京。此乃认为我政府有恩义之党。其二，毋宁受我政府之处置，亦不可换清国之情义。又，对我政府之处置百般尽力，论停止庙议之策。此乃认为清国有恩义之党。其三，虽明白

不得不遵奉，然今若速遵奉，一则对清国不尽信义；二则对藩内不遵奉之党，苦于难以安抚人心。故藩吏一度上京，向政府叹愿。遂至不听许而遵奉之际，则对内外皆有答辩之辞。此乃当权之党。此三党议论纷纭，而不遵奉党之议论为最盛，时常至粗暴之举动，为此藩议颇有困迫之状。于是，臣道之对藩吏论：子等，先前屡次强愿，直向政府叹愿。将奉政府之命之委员道之置之不顾，直向政府强愿，乃辱委员即辱政府之理，不听许。若非直向政府强愿不遵奉，则一度上京叹愿，遂不被政府听许之际，则决议遵奉之主意。其上京藩吏，预先受藩王之委任，于东京直呈出遵奉书。且藩王若对道之送此旨趣之明文证明书，当听许藩吏上京叹愿。然置委员道之而不顾，于理，虽与前无异，然其强愿不遵奉，遂成遵奉之主意，不可议为同义。且道之亲自视察当藩近日之困迫之情况，特酌量之，案一便方，藩议颇以为便。藩王及诸官皆喜笑颜开，宛如忘前日之酷苦。遂依臣道之之指示之旨趣，藩王出完整之证明书，请求藩吏上京。此乃臣道之奉命之权内之事，听许之。且前日所施禁止诸官上京等条件，悉解除。而藩王之委员三司官池城亲方及随从与那原亲方、幸地亲方[①]、喜屋武亲云上、内间亲云上、亲里亲云上等归京。而旧吏依此上京，百般叹愿，动庙议，逞其不遵奉之意。对今者臣道之之奉命，期望遂废止命令之条件者，可有乎？或叹愿终不被政府听许之际，直呈遵奉书，为当藩之安宁谋划者，可有乎？如此二

① 原文为“亲云”，疑误。

途之目的。藩王既对臣道之送明文证明书，则不被政府听许之际，受委任之藩吏直接于东京遵奉。政府不听许之际，到底不得不归于遵奉。政府此先遣臣道之至该藩，其主意丝毫未变动，即不听许该藩之叹愿，于臣道之乃不容置疑之处。今者藩王向臣道之送证明书，即视为遵奉命令之物。若上京之藩吏对证明书食言，对政府之不听许依旧不遵奉，则只庙议对彼施行三事。要之，唯庙议断乎不可变，乃臣道之之至愿也。区区文书不能尽事由，只揭其要略，另添《奉使琉球始末》一部。谨此具陈。

明治八年九月二十五日即（旧八月二十六日）

内务大丞 松田道之[①] 自琉球藩归京之日

太政大臣 三条实美 殿

叹愿之使者池城亲方一行，既抵东京，拜谒天皇陛下，献表文如下。

谨白。就向支那进贡等事件向政府上陈，三司官毛有斐（池城之唐名）与马兼才（与那原）、向德宏（幸地）、向维新（喜屋武）、向嘉勋（内间）、翁逢源（亲泊）等上京。因兹备微物。谨窥圣安，伏请奏闻。

明治八年九月十日

琉球藩王 尚泰 谨奏

① 此处钤有“松田道之”印。

向皇后陛下、皇太后陛下献表文同一，略。

谨白。此前因御用，派三司官毛有斐及马兼才、向德宏上京。窥圣安，献微物，辱[①]下赐贵重品。且毛有斐等亦拜圣颜，蒙宠惠。奉承天恩重渥，感戴不尽。兹呈表书，谨修谢恩之礼，伏请奏闻。

明治八年九月十日

琉球藩王 尚泰 谨奏

向皇后陛下、皇太后陛下谢恩同一，略。

谨白。今者内务大丞松田道渡海，传太政大臣三条公之命。当藩向清国隔年进贡，或清帝即位之际遣庆贺使，且受清国之册封，今起被禁止。且藩内皆奉明治之年号，年中之仪礼等皆按御布告遵行。奉藩制改革等之旨已知悉。当藩与支那有五百年之缘由，信义之处难以断绝。且职制、年号、仪礼等件，实难施行。陈述此等之实情，请宥免，而不听许，心痛不已。兹请求对政府上陈。委任三司官毛有斐，添马兼才、向德宏、向维新、向嘉勋、翁逢源等上京，谨呈表疏，详细由毛有斐等上表。特垂宽免，恳愿圣恩无涯，伏请奏闻。

明治八年九月十日

琉球藩王 尚泰 谨奏

① 辱：谦辞，表示承蒙。

既池城等抵内务省，就今者御达之中，于当藩设置分遣队及为调查刑法定律让担当者上京之事；又，为修业学事、通知时情，派少壮者上京之事，向大久保内务卿呈出藩王之御请书。（本书与九月呈给松田大丞之书相同，略。）

池城等向政府呈出支那进贡等事件之叹愿书，被批：难以听许，直接批驳。其叹愿之要旨，与之前向松田大丞提出之文书同一，略之。松田大丞对池城等谓曰：向政府申愿而无御采用，当于东京表，直陈述御请。此事，之前藩王有约书。今政府已批驳叹愿书，当按约书，速呈出御请书。池城等不肯，曰：某等受叹愿之王命，未受御请之王命。松田含怒曰：国王岂有食言之理哉！再三苛责，池城等亦顽固不动，松田大怒而无可奈何。

池城等亦再三呈出叹愿，只以“难以听许”被直接批驳，日夜焦思，煎虑不堪。每日早晨，至浅草观音堂参拜，尽诚恳，吐肝胆，祈神佛之冥助。人评之曰：浅草观音，高三尺之木偶，入火则焚，投水则流，自身难保，岂能庇佑人哉？琉人等拜之，求政府之许可，迷惑之甚。

大日本明治九年、大清光绪二年、尚泰王二十九年，丙子正月，向政府叹愿而不被采用。派遣官吏至国中各处寺院、山岳森林，如从前一般祈愿庇佑。

二月，藩王上京代理今归仁王子，朝觐礼毕，归国。

三月，遣书院奉行（相当于枢密院之首）大宜见亲方至东京。此时，众官见池城等向政府叹愿而不被听许，郁闷难堪。协议，请求另遣重臣，协助叹愿。因之推举大宜见。故藩王命之，十九日驾汽船，从那霸港开洋。

初，首里各村士族等为龟川党人所煽动，不知有数回。而其举动，如同儿戏，疑之者多。悟其殆企图向藩王呈谏书，乃狂暴不忠之臣之所为，绝交，离群。尔后，檄文虽至，亦不会同。唯党人等强梁沸腾，犹不辍。至此，集会于国学[①]，向藩厅呈建议书如下。

去年申年[②]，伊江王子、宜野湾亲方、喜屋武亲云上，作为御使者被御遣至东京，即刻御请藩王之御封册。关于此重大事件，御愿藩王将御称号御恢复。而如上御文书，当受相当之御咎。前日奉愿，忽受御咎，成御愿之碍，实难预测。御愿毕，御使者一众御归帆。传达之旨，奉承御听。作为臣下，轻率请主君之御封爵，于国难之际做此事，不忠无以复加。诚惶诚恐，慎重提出文书。御官府出勤等，御咎向来无处置。基刑罪，矢心顺；罪一人而救万人，乃忠爱之道。此事，于国家大典，君主亦难以徇私。如上，出勤之事，世上甚疑惑。尤御咎，成御愿之障碍。对此御处置，于东京者国评不圆[③]，人心区区有之，报刊批判。由此，蔑君者若早早受御咎，则人心一致坚定，响应政府，可为御愿。奉存急受御咎。

子旧三月

日本政府，无论池城等几回叹愿，亦难以听许，批驳。然尤再三呈出。呈交涉之达书如下。

① 国学：江户时代的教育机构，教授儒学之所。

② 去年申年：指上一个申年，即明治五年（1872）。

③ 原书该处漫漶不清，疑为“圆”字，意思是“不一致”。

关于其藩对清国谢绝臣礼之事，去年派遣内务大丞松田道之传达。同人归京复命时，犹直为叹愿，遣三司官池城亲方等为委员上京，屡屡具陈其趣，而难以被听许。本来，对清国之臣礼，乃关乎我国体与国权之最大事，不得不命断然谢绝，出深远之御评议。其一，不可对藩酌量姑息之情。以后不论如何叹愿，亦不采用。当深刻明白此旨。

明治九年六月一日

太政大臣　三条实美

闰五月初，政府闻琉球士族等屡屡沸腾，唤池城等责之，曰：早年，琉球使者伊江王子、宜野湾亲方拜受封王敕书，乃恭顺之道；士族等欲治之罪而沸腾，乃叛逆无道之所为，不可宥恕。速派遣警部巡查调查，处严刑。池城等惊怖，辩解曰：此即愚顽无智之辈之举动，应传达琉球，自行镇压，何劳政府之烦。乃命与那原、内间两氏归国，传达政府之命令。藩厅当权之众官，大惧。乃对党人下令，曰：士族等沸腾，岂可犯政府之怒，惹叹愿之妨碍。尔后，若不听命，犹起沸腾，将重惩。党人等不得已，辍其沸腾，乃曰：待国家安稳之后再行其志也。

六月五日，内务少书记官木梨精一郎由属官两名陪同，作为琉球驻扎官吏前来。幸地亲方亦同船归国。

七月，为协助叹愿，三司官富川亲方及与那原亲方，承王命，由随役四五名陪同，赴东京。既着东京，与池城等共同谋叹愿。虽如此叹愿而被批驳数回，依旧聘用文学多才之人修改愿书。文字尽理极言，云：琉球无自绝于支那之理。日清两国谈判，若支那听许，任（琉球为）皇国之一属，则琉球甘于遵命。或又，琉球五百年来臣属于支那，受支那之眷顾，其恩义可比天地。若琉球绝支那，则国将不为国，人将不为人。再三哀求，亦未曾采用，只依旧下批示：难以听闻。

七月二十七日，任命旧三司官池城亲方为权三司官，使之参与国政。此人为当前三司官之父，年逾七旬，曾辞官隐居十余年。此时，池城、富川两三司官往东京，唯浦添三司官一人不堪国事重任。故请藩王之命而命之。

十月，遣物奉行[①]幸地亲方往支那，盖请愿支那政府之援助。幸地称，为祈愿将往伊平屋岛，自本部间切开洋。内务省官员闻之，召唤池城等，质问之。答曰：因必须向福州总督赠回答之咨文，而被遣往。事先按规定御申请。

十二月六日，小禄亲方、亲里亲云上自东京归国。小禄去年作为今归仁王子之大亲职上京。今归仁归国后，滞留协助池城等叹愿。

同二十七日，辰刻[②]前藩王之前殿（俗称百浦添）有火灾，随之镇消。首里中传闻，人民驰集者千余人，于阙亭大肆骚扰许久。

明治十年、光绪三年、尚泰三十年，丁丑正月，日本原陆军大将西乡隆盛于萨摩起兵，士卒三万，取道肥后[③]，熊本镇台[④]阻

① 物奉行：官职。

② 辰刻：指早上 7—9 点。

③ 肥后：旧国名之一。属西海道，又称肥州，现熊本县。

④ 镇台：明治初期的常备陆军。明治四年（1871）设东京、大阪、镇西、东北四镇台。同六年，为东京、仙台、名古屋、大阪、广岛、熊本六镇台。同二十一年改称师团。

之。日本国中极大骚扰。

二月，东京勤务使者佐久间亲方赴东京。前使者津波古亲方归国。

三月，驻扎东京之清国公使何如璋、斯桂来东京。日清两国缔结条约，始互派公使驻扎。

同十七日，三司官池城亲方卒于东京。池城呈出叹愿，既十四回，而不被政府听许。平时悒悒郁郁，遂病，至不起。

五月三日，三司官后任，经众官投票荐举，任命与那原亲方。其时，与那原在东京。

八月六日，旧三司官宜野湾亲方卒。宜野湾唐名向有恒，实名朝保，涉和汉之学，才识超人，隐居在家，以咏和歌为乐。每闻藩厅众官之对政府之建议，长叹息，或流涕曰：国家重任之担当者，唯安社稷为务，而不应顾其他。今众官之议，专以保己之门阀为先。噫！其受党人等沸腾诬蔑陷害不知数回，自危不安，不堪郁闷，遂病而不能起。

同月，西乡隆盛败亡。初西乡每战，得胜前进，围熊本城许久。迨官军来加，战败，退人吉（肥后），奔都之城（大隅），遂回鹿儿岛，与亲兵数百共血战，殁。

九月，清国驻扎东京公使何、张两氏，就琉球事件向寺岛外务卿赠书翰。其略曰：琉球与清国海中群小岛屿相聚，为一国。境域有限，物产不饶，不能自给，岂有盈余乎？此不足以贪之，不待而论。然其地势如斯，亦能自为一国。且自明洪武年间起，隶属受封册，献贡物，为外藩属部之形。然其国政治固委其国政府之权内，不容他之啄。至大清朝，恤其国蕞尔，益有所亲爱，彼亦益恭敬大清甚厚。据成规，琉球向清献贡物，二年一回，至今未曾绝。《大清宝典》及礼部省之章程中，载其成规礼法。又，册封使之著《中山传修录》，琉人著《中山史录琉阳记》，日本人著《琉民记》等记载详细。我咸丰年间，琉球与米佛兰[①]三国缔结盟约，书法记录文书，一遵清国制。琉球业已属清国，欧美各国无不知之。然风闻日本禁止琉球向清朝上贡，清国满朝难以相信。日本乃大国，岂能不顾交际之义务，而压最小之邦土，为失信之事哉！若果真信此风闻，则情谊道理两者，可云坠地。余等奉公使之命，来东京。阅数月，得以视察巨细之情况。故余辈为两国间盟约和亲而交际，至日益平稳无事之境域，孜孜是勉，未尝有一日安息。贵国记载条约之第一款，岂非记载两国对其属领，当加爱恤，不可侵乎？今对琉球所加侮慢凌辱，恣意变更旧制法，则阁下有何面目对清国哉？又有何面目对琉球之同盟国哉？琉球虽小，国民无贵无贱，心皆驯服于清国。阁下今欲凌之，岂非至难之事哉？目下各邦和亲，重礼让，若不履行条约之义务，而以非理凌小国，无论照人情，或问万国之公法，皆不能轻易饶恕。各国若闻之，当不能沉默。吾辈作为钦差，派遣至日本，冀两国之交谊益巩固，故就该事件谒阁下。郑重反复言之，然“语言”有差异，遂不能尽所思之处。故将书札奉呈于阁下，恳请以正理处置琉球，不改彼之旧规及政体，依旧向清国献贡物。阁下勉力毋为其他所阻隔，容认吾辈之言，为永久保全邻国之交际而考虑，不至招致他邦之嗤笑。外务卿阁下才高智深，量情守信，一旦决

① 米佛兰：指美国、法国、荷兰。

明，必能得是非曲直而明了。故向阁下奉呈文书，乞速有所答。大久保内务卿见此书，认为其乃大肆凌辱日本者，即答辩，曰：考日本领属琉球之缘由，琉球称南岛，或号冲绳，历世异其称。日本元明天皇之时，向琉民授位阶[①]，赠物品。元正天皇之时，琉民来朝。其后，在琉球建碑，辨明地位、里程港及食水之处。又，按古记，南岛乃太宰府之管辖之处，贡奉方物及米。嘉吉年间，将军足利义教赏萨摩国主岛津忠国之功勋，赐琉球。尔来至今，为萨摩之属藩，曾怠惰于向岛津氏纳租。秀吉征讨朝鲜之时，命琉球之酋长备粮食。酋长奉命，速供一半。其后，秀吉（此为家康之误。下同）以失臣礼为由，命岛津氏征伐之。琉球王尚宁归顺，摄政等归于东京。秀吉遣官吏，主该岛之政令，测量岛地之面积，调查年度之收获，定贡租之数额。其贡租，将军秀吉将之加入岛津氏之世袭俸禄之一部分。同时，萨摩国主下令，琉球之士民，禁止携带兵器。又，颁律令十五条，使之遵奉。且要求立臣事日本之誓约。酋长因循，不奉其约，被捕送至东京。禁锢于萨摩国都鹿儿岛三年，始奉誓约。依之，与摄政官一同被放还本国。朝廷再下其他命令，唯唯诺之。且琉球王出自日本之帝系源氏。往年，源为朝被敌党放逐至伊豆之大岛。为朝航海，发现诸多岛屿，遂进，抵琉球。娶岛主之妹，举一子，乃舜天王。舜天王三世相传而绝迹。其后，经二百年，其迹恢复，今王尚泰乃其血统。且就地理关系而论，琉球大小三十七岛屿相集结群。其地之面积约为萨摩国之十分之一，人口约十六万，与萨摩西南之群

① 位阶：指勋位的等级。

岛相连，为连锁之部分。其地理形势，皆属萨摩系。且琉球与日本文字相同。琉球所用伊吕波四十八字[①]，则日本之文字，乃为朝向琉民所传；语言亦与日本语源相同。自称冲绳，亦云天津尊之远裔。此等名称乃纯然日本之语。且视琉球民所信之神道，亦足以称日本之凭据。神道乃日本之宗教，非其他国之所有。视琉民宴会等仪式，亦用小笠原流[②]。小笠原乃日本有名之礼法家哲人，日本今行其式，非如贵国一般使用椅榻，而坐卧于地板。食饭亦每人一膳，与日本之习俗如出一辙。今阁下等，所谓违背日清两国互不侵犯其领地之条约程款云云，无丝毫辩解之需，只需排却罪名。盖琉球公然服从日本之武力，日本主君数百年来保护管治琉球民，因之，下法令，亦领收其贡租。虽有此等事实，然贵国却主张琉球为其领地，不可不谓之妄诞。到底，此主张亦无需辩解。阁下等所谓琉球为一建国，非与其他各国相关，此言甚过，日本不承认琉球独立不羁。贵国驯服邻邦诸藩，漫然处置，封其国王，视其国为附庸，亦有其名而无其实。日本于琉球乃不然。事实确凿，史乘有所征之。日本自古将琉球作为隶属，足以追想其待人民之事实。琉球遇凶荒，日本政府发米谷、金钱赈救之。数年前，琉民为台湾番民杀害，日本政府起师，征其暴戾。然贵国竟不拒之，却好日本之义举，偿台湾番民对琉民所加之罪。且日本政府近时废封建制度，设立新政体，中央政府直辖帝国之各部。及至

① 伊吕波四十八字：指日文假名。

② 小笠原流：指小笠原流派。从昔年武家的仪式、法制等演化出的兵学、军学及礼法流派，发源于京都小笠原家。明治时代成为女子学校的礼法指南，后成为通俗道德的礼仪规则。

今日，唯琉球尤依旧法，望尽力保存以往之事物而不得。只琉球在洋中，及至政体变革，亦最迟。今我邦政体之变革波及彼岛，其人民与我政府之关系亦成直接，唯以我帝国曾向各藩之所施，对彼实施。今贵国政府发争论，乃对上文之事实及琉球历史与情况不知悉所致，毕竟贵国被琉球人所欺。琉人为占领商贾之利益，以隐秘及欺诈之方便，欺骗贵国，其确证实例，可见于萨摩国主与尚宁之间所起不和之历史。尚宁及其臣民，发誓完全降服于萨摩。然依旧有上文所揭之处，违背我政府之法令。为得到与贵国通商之便利，尚宁对贵国宣称，绝不服从于萨摩而保独立，与以前无异等旨。今兹有一领地，两帝国对此领地争主权而不相让之例，往往不少。领地之酋长为自己之目的，而希望避此争权，亦自然之势。琉球之事件，实如是。如斯情况，两争者之一，无论是谁，皆不可受其欺罔。今受其欺罔者，果真日清中之孰哉。盖瞭然知之。贵国政府信琉球之非属其他之申告，乃督保护之空名者。日本自古对该岛施主权，对之布法宪律例，其酋长表示永久忠勤。因之，当确认此乃日本之该岛，确言其为属地。

此前，当藩众官人民对支那援我之事半信半疑，未有定见。故在拒政府之命令之际，以待清国援兵为口实者少。今者，何、张两氏就我国之事件，对政府责难，始确信清国当援我，人皆窃喜。迩来，即便政府有严命督责，亦轻慢弄侮，毫无恐惧之色。每凡会议，若有动静，必主张清国有援兵。

明治十一年、光绪四年、尚泰王三十一年，戊寅四月，大久保内务卿朝谒之途中，为浪士[①]数人杀害。伊藤博文就任。

六月，叹愿之事件，不易被采用。为岁月迁延，众官请王命，派遣按司、亲方、亲云上至国中各处之寺院、山岳森林，如从前一般，祈愿神灵庇佑。

七月，权三司官池城亲方卒。具志头按司、读谷山按司，任命为评定所诘[②]，参与三司官之事务。

遣日帐主取伊江亲云上往东京。

富川三司官、与那原三司官等在东京私会英国、荷兰、美国各驻扎公使。就琉球事件，请求与日本政府论说。英国、荷兰公使拒之不受，美国公使向本国请示如何处置，其后不见任何动静。

明治十二年、光绪五年、尚泰王三十二年，己卯正月四日，日本使者、内务大书记官松田道之由随官数名陪同，来琉。三司官富川、与那原及大宜见、喜屋武（时已叙紫冠，称亲方）亦同船归国，唯伊江留于东京。

同五日，松田大书记官与随员一同来城府。藩王代理今归仁王子及按司、亲方、其他官吏列坐于南殿，见之。松田大书记官即宣读三条太政大臣之督责书及己之意见书，递之于今归仁。其书如下。

琉球藩王尚泰：

明治八年五月二十九日，传达向清国隔年派遣朝贡使节、

① 浪士：指浪人，流浪武士。

② 评定所诘：官职。

清帝即位之际差遣庆贺使、藩王更替之际受清国之册封等事被禁止之旨。而称叹愿，于今仍未进呈遵奉书。且九年五月，其地之裁判事务悉数当移交。是亦称叹愿，于今仍未遵奉。其结局，实未结束。若再不遵奉，当行相当之处置。此旨督责。

明治十二年一月六日

太政大臣 三条实美

一 不才今者特以命令出差当藩，有御委任之条件。不才之陈述及处置，乃如上委任权内之事。御应对可有之。

一 关于另纸御达书之条件，先年不才出差至当藩，与阁下虽有数回御应答，然无遵奉之御决答，迁延殆六旬[①]余。不才中止应答，决然离去之际，藩吏哀情切切相请，而许其请愿。相约，受阁下对太政大臣一书，藩吏上京直接叹愿。约定若仍不被许可，则上京之使者直当遵奉。藩吏与不才结伴归京，而政府果然不听许其叹愿。然尔后犹称叹愿，不遵奉，拖延至今日。实欺政府，亦对不才食言。依之，政府于国宪上难以搁置，今者更加督责。且依不才所闻，幸地亲方私投支那，向彼政府哀诉。又，在京亲方等向某二三国之驻扎公使倚嘱。此等隐匿之处为果真，则不仅对政府大不敬，所犯国法亦不轻。今政府之严厉督责，实乃阁下自招之处。乞御自反省。

① 旬：一旬为十天。

一 以上陈述之旨趣，当详细御了解。对另纸御达书之条件，速呈遵奉书。若仍不遵奉，庙议决定当有严重之御处置。当藩安危之所定，实在今日。御思虑可有之。

一 对另纸御达书之御决答，以下月三日午前十时为限。逾期仍无御决答，遂认为不遵奉，不才直归京复命。

明治十二年一月二十六日于首里城

内务大书记官 松田道之

琉球藩王 尚泰 殿

藩厅众官见此书，毫无恐怖之色。坦然自安，议之谓：清国乃富强之大邦，最重威信。若其属藩被他国所侵犯而置之不问，则有何面目对欧美各国？故就琉球事件，业已通过东京驻扎公使何如璋、张斯桂向日本政府责难。以此情况察之，政府若对我加暴行，清国必赫然兴师。藩中上下坚定心志，以固辞政府命令为上策。众人皆下定决心，即请藩王制返书，于本月十三日（新二月三日）向松田呈出。其书如下。

向清国朝贡庆贺及接受其册封等件被禁止之事；且裁判事务，于今仍不遵奉，而拜承御督责书。内务大书记官松田道之殿之说谕，亦知悉。甚为震惊，诸官一同热议。敝藩与清国之间之事件及裁判事务等事，于情义，有难以执行之理由，如此百般叹愿。因清国驻扎东京公使向敝藩使者查问情实，遂以告明。既向外务省照会，而御协议不成。就遵奉一事，不仅对清国未了结，必当受彼之谴责，进退维谷，愁叹不堪。故实不能直接提交遵奉书。御协议若达成，则当奉。望御悯察小邦无可作为之情况，举藩一同伏奉哀愿，顿首百拜。

明治十二年二月三日

琉球藩王 尚泰

太政大臣 三条实美 殿

松田大书记官领如上返书，乃曰：俟后日之处置。翌十四日（新四日）开洋归京。

免具志头按司、读谷山按司之评定所诘，是因三司官富川、与那原归国。

此月，藩厅发令。王子、按司、亲方及其他拥有领地之诸士，对冠婚葬祭、旅行等诸仪式所需蔬菜鱼肉等物品，定极底之定价，称之为手形[①]入，或称为加势[②]金。因向领地之百姓征收众多金额，各间切百姓等苦于徭役之烦剧，又不堪重敛横征，困苦疲惫之极，鬻子贩妻，亦卖自身。无控诉之处，抚胸泣血。今禁止手形入、加势金之征收，解倒悬之苦，拯救于水火之中，百姓大为欢悦，雀跃不止。另，作为藩厅之经费补助，年年自百姓收购砂糖代价，此价亦提高。改定为每百斤铜钱百六十贯文（相当于新货币三元二十钱）。古来当藩之制，百姓所制作砂糖悉数为国库收购，不许百姓自行使用之。而其代价，古来所定，每百斤，上品为古钱

① 手形：票据。

② 加势：后援、援助。

八十贯文（新货币五钱），下品为同四十贯文（同二钱五厘）。世之变迁，糖价随之腾贵，若犹依古制，目下如同免费收购。今者日本政府对清国公使辩解曰：琉球之人民苦于重敛横征之苛政。为拯救其人民之苦难，施行此次之举措。藩厅众官闻之，即禁止此手形入、加势金之征收，亦提高糖价。

琉球见闻录　卷之四

三月三日（新三月二十五日），琉球处置官、内务大书记官松田道之，由随行官五十名许、警部巡查百名许、陆军步兵四百名许相伴，驾汽船从新潟出发，入那霸港。

同四日，松田大书记官赠文书如下。

就御达之事，明二十七日午前第十时抵城府。拜受可有之也。

明治十二年四月二十六日于那霸

内务大书记官 松田道之

琉球藩王 尚泰 殿

明二十七日，对首里、泊、久米、那霸在住之士族有事传达。各处选重要者五十名为代表，按时限参集于如下场所。

明治十二年三月二十六日于那霸

内务大书记官 松田道之

琉球藩王 尚泰 殿

一 首里士族，午后一时，天界寺。

一 泊村士族，午后三时，泊学校。

一 久米村士族，午后五时，内务省办事处。

一 那霸士族，午后七时，内务省办事处。

同五日（新二十七日）松田大书记官由木梨精一郎及随行官吏、警部巡查百余名相伴，来城府，于藩王代理今归仁王子、三司官、众官列席之处，宣读如下御达数件，交付之。

琉球藩王尚泰：

明治八年五月二十九日及同九年五月十七日，御达之条件有之。而不恭于使命，实难放任，遂出废藩置县之条。兹此传达。

明治十二年三月十一日

太政大臣 三条实美

琉球藩：

废其藩，更设冲绳县。兹此传达。

但，县厅设置于首里。

明治十二年三月十一日

太政大臣 三条实美

琉球藩：

今者，就其藩被废一事，做如上处置。派遣内务大书记官松田道之出差。诸事可依同人之指挥处置。兹此传达。

明治十二年三月十一日

太政大臣 三条实美

尚泰：

御用有之，至急出京。

明治十二年三月十一日

太政大臣 三条实美

尚弼（今归仁王子之唐名）：

以特旨，被列于华族。

明治十二年三月十一日

太政大臣 三条实美

尚健（伊江王子之唐名）：

特别被列于华族。

明治十二年三月十一日

太政大臣 三条实美

关于今者处置之情况，将旧藩簿文书所藏之场所封缄，调查同所之物件。又，其他事件，当向城中内务省办事处官吏照会，得其立审，方可行处置。我方调查之际，得旧藩吏立审，可行处置。且又，各所之城门由巡查护卫，自城内向外送出之物件，无论大小，当接受城中内务官吏之检查，得其印章，方可通行。兹此处置。

明治十二年三月二十七日于首里城内

处置官 内务大书记官 松田道之

旧琉球藩王 尚泰 殿

关于本月所交付另纸御达书之旨趣，当按如下各条处置。

明治十二年三月二十七日（旧三月五日）

内务大书记官 松田道之

旧琉球藩王 尚泰 殿

一 以三十一日（旧三月九日）正午十二时为限，从居城[①]退去向东京出发之前，当居住于嫡子尚典之宅邸。但居城当移交于当地营所长。

一 县令所规定之土地、人民及其他，凡属旧藩管辖之诸般，当行移交手续。

一 土地、房屋、仓库、金谷、船舶及其他诸物件，将区分属官之物与属其私有之物，具陈明细。

一 决定下月四月中旬，乘邮船向东京出发。诸事须准备妥当，不可违期限。

一 此次上京，有特别之御用。无论有何种事故，皆不可代理。既先年御用召唤之际，曾立代理。尔后两度拜受使命之际，又立代理。不可再次仿效。

① 居城：指领主所住之城。

一　向东京出发后，移交及调查事务等，命旧藩吏代理。

旧琉球藩吏

关于旧藩事务调查之事。

明治十二年三月十一日　内务省

松田大书记官交付如上达书，将随来之官吏分遣。将评定所、申口方、账当座、用意方、书院、下库理、系图座等各处之账簿、文案及大台所仓库封缄，置属吏[①]看守。亦派巡查，守三门。此时，我众官吏参会于智南殿，藩主卧病榻，在深宫。既松田退城，命首里士族在天界寺，泊村士族在泊学校，久米、那霸士族在内务省办事处，各出五十名作为代表参集，对此者宣读如下告谕书，交付之。

今者，就琉球废藩更置冲绳县一事，今后将何去何从，费心者有之。因此，告示其主意之大略。此琉球，古来乃我日本国之属地，自藩王至人民，皆本邦天皇陛下之臣民，不得不从其政令。然明治八年五月二十九日、同九年五月十七日、本年一月六日，御达之御主意有之。因藩王不奉其使命，呈不遵奉之奉答书，实难以放任。于理势不得，遂成今者之御处置。然对旧藩王之命运及一家一族，以优待之处置，安堵将来；对其士民之命运，家禄、财产、营业等，无苛察之御处置。其御主意乃按向来之惯行，不仅如此对旧藩政中苛

① 属吏：下役，指低级官吏。

酷之所为及租税、上纳物等重敛进行审议，行相当宽减之御处置。毋为世上之流言风语所惑，当致力于各自之家业。此旨当无遗漏告谕者也。

明治十二年三月二十七日

琉球废藩，更置冲绳县，县厅设置于首里。御达有之，兹此布告。

但临时于那霸西村内务省办事处开临时县厅。

明治十二年三月二十七日

冲绳县令代理内务少书记官 木梨精一郎

我众官吏预想，清国若闻我废藩，必定火速率师前来援助，国家当中兴。然实际遇被处置之惨状，殆苦虑伤心不已。虽知其叹愿无益，但为聊表悲哀之情，一齐抵那霸，见松田大书记官，呈如下叹愿书。

前者，就两度御达不遵奉之事，受废藩置县之御处置。太政大臣三条实美殿下向敝主所赠御达书，臣等拜受。然惊愕不已，手足无措。依之，哀愿，恐惧战栗不堪。当藩自行开辟，平素有君主之权，与御内地旧藩不同。被废藩置县，则君主之名义相废。纵使万民蒙何等御抚恤，亦不能安然，而忧虑焚心，殆至死之境地。先前敝主所呈愿书，亦非不遵奉命令。乃与清国御协议结束之前，奉愿延期。废藩置县之御处置，望御仁免。敝主自拜承御严命，神魂飞散，思虑万千。臣子之情，难以缄默。故不惮威严，数回陈情。望御悯察实情，泣血奉愿。

明治十二年三月二十八日 旧藩吏联署

内务大书记官 松田道之 殿

松田未批阅其书，直退回。三司官于九日（新三十一日）不得不行居城移交之手续，因之发命：首里各村士族、平民之强壮者，明日早晨起悉参集于城府。

同七日，众官吏及士族、平民数百人参集。下库理、书院、近习、内宫，各处将藩王仪状、卤簿、器具、图书及衣衾、绢绣、布匹等所藏箱柜、衣橱及其他数百年来经营聚藏之百般器具物件，悉运至中庭，倚叠堆积如山。包裹之，使夫卒荷担，绅徒士辈护卫之，搬运至中城殿及按司、亲方等大家。从朝至晚，络绎不绝，喧嚣杂扰，满城骚扰不堪。出城门时，守卫巡查等一一开封、解锁、察看。解锁若稍有怠慢，则叱咤苛责，用所持之棒剑打之。内宫之妆奁具及其他秘密之器具，被破坏者不少。此夕，藩王（王妃此前薨）及两夫人（松川按司、平良按司）、令郎、令女等各驾轿舆，在近侍之臣士、嫽[①]妾、侍婢等数十人相伴下，退离城府，移行至王世子尚典公之邸，即中城殿。按司、亲方、众官吏百余人，各村士族百余人，前后左右护卫排列。呜呼！与二百七十一年前，宁王被萨兵所逼，移交城府，退移至三司官名护亲方之邸，完全如出一辙。

① 嫽：女官。

首里、泊、久米、那霸、诸间切官吏：

今者，就琉球废藩，更置冲绳县一事，即命令旧藩中官吏一律废止。首里、泊、久米、那霸及其他诸间切之役人，与诸町村之役人，如从前一般勤务。兹此传达。

明治十二年二月二十九日

冲绳县令代理内务少书记官 木梨精一郎

就废藩一事，首里、那霸、诸间切各役人等皆退出，一切均不出席，各公所悉闭户。虽发如上布达，而无一人回应。

同九日（新三月三十一日），旧三司官于本日正午十二时，将首里城移交于内务省官吏。陆军步兵数百人，吹铜角，整队伍，自那霸而来。入城，据以为驻屯之所。

同十一日（四月二日），旧三司官三名（浦添、富川、与那原）受松田处置官之召唤，前往。松田如下说明达书之旨趣委曲，交付之。

前日，对首里城提出移交土地、人民及其他诸件；不日，立各条，得指示。首先对士民布令废藩置县之事及当遵从新县之命令之旨；尽顺序，使士民不迷惘于方向。此乃停止藩治之际，为此人民，旧藩主不得不为之义务，当早早安排。

明治十二年四月二日于那霸

处置官 内务大书记官 松田道之

旧琉球藩王 尚泰 殿

再启，布令之前，可内览其案文[①]，之后提交。

旧三司官等归，与众官吏协议。认为士民当固心志，拒绝日本之命令，待清国之援兵。旧藩王若发此布令，将有大害。三司官抵那霸，见松田，固辞曰：旧藩王今者之御处置，对士民耻辱难堪，有何面目发此布令乎？松田不听许之，曰：旧藩王若辞之，对政府乃是违反之所为，必当受相当之处置。虽威吓强令，而固谢绝。

同十二日，松田大书记官赠如下书札。

就废藩置县一事，诸般移交，当按如下各条安排。

明治十二年四月三日（旧三月十二日）

内务大书记官 松田道之

旧琉球藩王 尚泰 殿

一 租税之事

当添加底账[②]及其他相关文书、收纳方之明细陈述书。

一 旧藩王及士族等之家禄[③]之事

当添加底账及其他相关文书、递交之明细陈述书。

一 官有金谷之事

当添加底账及其他相关文书、经营方之明细陈述书。

一 官邸舍、官仓库之事

① 案文：指草案、复本。

② 底账：指底本、总账。

③ 家禄：指作为家臣的俸禄。

当添加图纸及其他相关文书、所用方之明细陈述书。

一 官地、官山、官林之事

当添加底账及其他相关文书、经营方之明细陈述书。

一 河港、道路、桥梁、修筑之事

当添加账簿及其他相关文书、方法之明细陈述书。

一 官有船舶之事

当添加底账及其他相关文书、所用方之明细陈述书。

一 学务、社寺[①]之事

当添加图纸及其他相关文书、经营方之明细陈述书。

一 官职、身份之事

当添加底账及其他相关文书、管理方之明细陈述书。

一 制法、禁令之事

当添加簿籍及其他相关文书。

一 户口之事

当添加调查书。

一 劝农商之事

当添加簿籍及其他相关文书、方法之明细书。

以上移交于冲绳县令。

一 被警察署取缔而入狱者，或未入狱而正处于取缔中者之事

以上移交于内务省办事处长官。

一 因犯罪入狱，或被流放远岛者之事

① 社寺：指神社、寺院。

当添加宣告文及口供书。

一　民事诉讼审讯中者之事

以上移交于内务省办事处裁判事务长。

此时，众官吏及士族等，虽有人怀疑清国能否起军拯救我，唯龟川党者，确信清国有援兵。即以首里、那霸士族之名义，向旧三司官呈出如下建议书。

松田道之殿所赠御达书之委细已拜见。就如上事件御请。和议废藩，必御断。此事关乎御国家兴废。不惜一切身命，不论几回，亦奉愿御断。兹此奉愿如上。

旧三司官每日让众官吏参集于中城殿，将其分为四部（第一部，三司官及重要官吏，有三四十名。第二部，称内用处。即选按司、亲方等老成者充之，有十余名。第三部有诸按司十余名。第四部有诸亲方十余名。而第二部至第四部，每部有食客十名，扶持其事务处理。此食客，选曾任职定役或其他职位之老练者充之）。凡松田处置官及木梨县令代理有通知，则协议拒绝之方法，行之。迨不听许，亦得众官吏之许诺，尔后按此申达行之。又使各村士族集会于各学校，报知执行之事实。是以，众官吏诸士勉力扶持旧三司官。唯龟川党无论遇何种严重处置，亦不从其申达。只主张，若从之，则成清国援兵之障碍。嘈议勃发，难以执行。三司官之苦心不可言。

同十六日（新四月七日），松田处置官向旧藩王发来出京督促之文书如下。

今者，就上京一事。此前，向三司官屡屡提出。按此，可以本月中旬之邮船出发。其时，为防止不合适等事发生，今起可精心准备。至如上期限，若有延期等愿，不听许。兹此预先告知。

明治十二年四月七日于那霸

处置官 内务大书记官 松田道之

旧琉球藩王 尚泰 殿

再启。在病中，为照顾可带妇人，不至受苦。可提出安排。

旧藩王于明治八年承政府之命令之际，突然得胸膈闭塞之病。迩来日月迁延，而不至平复痊愈。只管卧褥于深宫，罕有接见朝臣。奏请、教令及其他一切政务，专委托近侍头处置。今又逢废藩，弥重患。上述之上京督促之文书到来，旧三司官等频恳愿，延期至藩王稍稍病愈。松田更不听许。

三月二十一日（新四月十二日），本日，自那霸入港之官船明治丸，富小路内敕使[①]来球。松田处置官赠如下文书。

此前，以御达书御召唤。不仅遥远之航海，近来在病中

① 敕使：皇帝的使者。内使是传达皇帝诏令的内监。此处指钦差。

之趣亦有之。特发官船明治丸，以深厚之睿虑御慰劳及上京之迎。差遣富小路敬直为内敕使，先前抵港。不才与敕使同伴，明十三日午后二时参访其馆。敕意之趣，谨当拜受。若依病状而卧褥，提出代理，则不可。兹此告知。

明治十二年四月十二日

内务大书记官 松田道之

旧琉球藩王 尚泰 殿

同二十二日，松田处置官与富小路内敕使一同来中城殿。旧藩王虽病重，而不得辞谢，在左右侍臣搀扶下，于内院见之。富小路内敕使交付如下文书，俱退归。

愈御清祥欣喜之至。今回，就琉球藩被废而被置冲绳县一事，作为御慰劳，特派遣侍从正四位[1]富小路敬直。且于东京，亲切谒觐。以此，为航海安全，遣汽船明治丸。汽船抵达其地后，速东上。奉伺天机[2]，奉申圣谕。

明治十二年四月八日

宫内卿正二位 德大寺实则

华族 尚泰 殿

松田处置官赠来如下文书。

① 正四位：官阶（文位）。

② 天机：指天子的心意。

就今者上京一事，当明白如下旨趣。

明治十二年四月十三日于首里

处置官 内务大书记官 松田道之

旧琉球藩王 尚泰 殿

一 出发日定于十八日。当做好准备，诸事无差错。

一 今者遣官船明治丸，由敕使侍从富小路敬直及其他官员数名同船。且为保护病体，添医员。当确信航海安全，乘船。

一 侍者及其他家眷等，可随意携带几名随从。为照顾病体，携妇人亦可。

同二十三日（新四月十四日），旧三司官等抵那霸，呈出如下愿书。

就微臣东上之事。昨日拜承敕谕之旨，当惟命是从。奈何四五年来烦于心病，时时怔忡。至近日，病苦增重。废寝食，日夜卧床，起居依人。此体恐不能遥远航海，恳愿延期四五月。若蒙御听，则尽力疗养，其间一旦快愈，即东上。以深厚睿虑，派遣敕使发官船，应速上京。然虽恐惧战栗至极，因前陈之病状，不得已奉愿延期。奉仰御恩免，顿首百拜。

明治十三年四月十四日

旧琉球藩王 尚泰

侍从 富小路敬直 殿

同二十四日，富小路侍从对如上请愿不听许，赠返书如下。

因病而请愿东上延期之旨，已了解。今者，不才奉深重敕命，故以官船慰劳并迎接，自七百里外遥远之地而来。假令因事故不能同伴归京，则不才之职掌不能完成，对圣上亦无复命之道。故难以听许请愿之趣。且病中航海云云，另有处置，与不才无关。此旨当知悉。兹此回答。

明治十二年四月十五日

侍从 富小路敬直

尚泰 殿

同日，诸按司、诸亲方亦呈出旧藩王上京延期之愿书，其书如下。

敝主出京之事，先前太政官命令及前日敕使御光临，圣谕之旨，且阁下数回之御达，我等亦拜承。依之，上申。虽恐惧战栗不堪。然敝主平素心胆怯懦，四五年来忧郁过度，患惊悸怔忡之症。拜承废藩之命令，魂飞魄散，时常胸膈闭塞，寝食俱废，日夜卧褥，起居依人。故暂不能实现上京之事，恳请延期四五个月。敝主向敕使请愿，恳请御协议之上，施御仁恩。恳愿尽力疗养，若在期限内快愈则速东上。以深厚御仁虑，御遣官船，当遂拜承圣谕之旨。然敝主目今之病体，若航海，则有生命之危，臣民一同忧伤之至。因之，难以沉默，敢冒严威，上请御垂怜情实。泣血哀愿，诚惶顿首。

明治十二年四月十五日

按司、亲方之众官 联署

内务大书记官 松田道之 殿

松田处置官不听之，即日赠返书如下。

就旧藩王因病而东上延期一事，申述之旨，已了解。然为保护其病体，得航海之便利，乃不才之职分。现却对敕使以其病而请延期，此乃弃其职分而不顾。故请愿之旨，难以听许。

明治十二年四月十五日

处置官 松田道之

致众官各位

同日，世子尚典公（称中城王子，时年十六）抵那霸。见松田，请愿旧藩王上京延期四五个月，而不被听许。旧三司官等言，将延期之日数缩短至百二十日或百日，频频恳请，更不被听许。

同二十五日，首里、那霸、泊、久米村之士族等呈出如下愿书，不被听许。

今者，敝主被通知上京。因处病中，敝主及诸官呈书，请四五个月延期之愿。传闻不蒙御听许，惊动不已，依之请愿。虽诚惶诚恐，然如该呈书详细所述，敝主病体若以当前之病状，开此难航，则病体弥恶化，有损于性命亦不得知。先祖累代生于此土，食此土之小民等岂能忍心乎。万一勉强上京，于生无益，不如就死。士民一同悲叹不息。仰愿天地救生，施御仁恩。虽知不免于冒亵渎之罪，望准许敝主等所愿。此际，臣士之大义，难以沉默，故昧死陈情。奉愿御悯察苦情。诚惶顿首百拜。

首里、那霸、泊、久米村士族代表
明治十二年四月十六日　十数名联署
敕使侍从　富小路敬直阁下
内务大书记官　松田道之阁下

同日，众官将延期缩短至九十日，呈如下哀愿书，亦不听。

敝主东上延期之请愿，不蒙御听许。屡次冒渎，诚惶诚恐。然以当前之病状，辽远之航海将有损于生命。今日以口供，向大梨少书记官拜托。若不能蒙九十日延期，优待治疗，则不能出发。若就此东上，无论如何也不忍心。故虽受冒渎之罪，此际难以沉默，情状申上，恳请延期九十日。泣血奉愿，望蒙御仁免，保全敝主之生命。此念难以抑止，不惮严威而哀诉。望御量察此情实，诚惶顿首。

明治十二年四月十六日
按司、亲方数十人　联署
内务大书记官　松田道之　殿

同二十六日（新四月十七日），松田处置官为督促旧藩王上京日期，遣种田、早濑田两属官至首里。两属官赠文书如下。

本日，就松田内务大书记官所传达之日限御决答一事，派不才出差。当至急御提出。兹此通知。

明治十二年四月十七日，于首里原客馆警视分署

种田内务二等属、早濑田内务二等属

致浦添、富川、与那原、亲里四人

此日，三司官与众官吏一同抵那霸。首里、那霸、泊、久米村之士族数百人，亦为乞延期而会同。旧三司官在士族长十数人相伴之下，见松田，恳请八十日延期。至此，松田察请愿迫切之情，出一策略，即许四十日之延期。然旧三司官犹不悦之。木梨县令代理，四年前在球，与旧官吏有交谊，秘向旧三司官教授计谋，曰：若有必为八十日延期之理由，则须中城王子亲自出京，向政府请愿。见如此父子之深情意切，或能准许亦未可知。旧三司官以为然，向众官吏示知，皆表赞同。即请旧藩王，然后呈如下愿书。

敝主被通知东上，然在病中，不能远航。如屡屡具陈一般，废藩之后，人心不安。若不能说谕，则难以安堵，且有诸般事务。为八十日延期之愿，敢请中城王子东上。奉愿顿首。

明治十二年四月十七日

按司、亲方数十人 联署

内务大书记官 松田道之 殿

同二十七日，松田赠来如下返书。

就上京一事，为请八十日延期，乃敢请中城王子东上之主意。关于今者之御处置，以不才之职分，本难以听许延期，近日来对旧藩吏及士族反复说谕。然近来请愿之恳切，实有不忍之处。若自今三十日或四十日之延期，可请敕使滞留，此乃不才之权内，可听许。然可派遣中城王子，驾明治丸上京谢恩。若又必要求八十日之主意，则无敕使滞留之道，以不才权内，不可听许。可向太政大臣叹愿，然若决定向太政大臣叹愿，为八十日之延期而派中城王子上京，则上京督促之事可暂缓处置，只开其叹愿之道。如上，近日，体谅其旧臣悲泣叹愿之情实，且政府以稳当之处置为旨，亲切体谅御主意。故以特别之主意安排。兹此，望无误解，深刻洞悉。

明治十二年四月十八日于那霸

处置官　内务大书记官　松田道之

旧琉球藩王　尚泰　殿

再启。既如本文之决定，前日到来之达书及对旧官民之布达、诸般移交、调查事件，即今起当逐步处理。

旧藩王遣旧三司官等见松田，报知中城王子当与富小路内敕使一同驾明治丸航海。旧藩王之病症于五年前发作，至今犹在病榻呻吟。且因此次处置，病势更为加重，快愈之日难以确定。然旧藩吏请愿上京延期，或言四五个月，或言百二十日。亦言百日、九十日、八十日，何以特意汲汲迁延月日乎？无他，是乃胸中打算，若清国政府闻我国家遭灭亡之祸，必火速发来军舰援助。故至其期，旧藩王之上京可自然得以免除也。

旧藩王赠如下文书。

今者，蒙内敕使御渡海慰劳之敕谕，且亲切谒觐。为迎接而发官船之睿虑，深刻感戴。当速东上，奉伺天机。然当下身患沉疴，不能旅行。且关于废藩，对人民说谕，有诸般事务。因之，为八十日延期之愿，派嫡子尚典东上。万端情况，御奏达。惶恐顿首。

明治十二年四月十八日
侍从 富小路敬直
尚泰 殿

富小路内敕使赠如下返书。

今者，因病，且有诸般调查等情况，以八十日上京延期之愿，派中城王子上京。听闻此主意，不才须归京复命。出发期限，定于二十三日午后二时，从本港出帆。其旨知悉。兹此回复。

明治十二年四月十九日
侍从 富小路敬直
旧琉球藩王 尚泰 殿

闰三月七日，明治丸开洋。中城王子尚典公于随行之旧官吏相伴下，午前八时起程。拜辞观音堂崇元寺庙，直驾船。其随行人员，同学古谢按司（美里按司之长男）、湧川按司（今归仁王子之长男）、旧藩官丰见城亲方、喜屋武亲方、内间亲云上（见上）、阿波根亲云上，旧评定所、账当、用意方、各笔者、中城殿之旧官吏、大亲、与力、近习、侍医、侧役及从仆，凡七十余人。诸按司、亲方及其他旧官吏，首里、那霸、泊、久米村之士族，老幼及平民之长者，各间切吏员，各村扔役[①]、头役[②]等数百人，群集排列，陪从乘驾，于那霸港口送别。港口左右岸上，男女老幼，不知蚁集几千万人。正午前开洋，同十二日抵东京港。凡六百七十余里（三十六町为一里）之海程，航海仅六昼夜，驰行之速力惊人。

旧官吏及士族等，自世子开洋翌日起，一周之间，参拜诸神社佛阁，祈神灵庇佑世子旅行平安且叹愿被采用。尔后，每月逢朔望及嘉辰（如上巳、端午、重九）亦如此祈求。

世子所携之旧藩王书翰如下。

> 今者上京，乃复太政官之命令。蒙内敕使御航来，速东上之圣谕，当唯命是从。然当下患重病，不能成行。且因废藩，有对人民说谕等诸般事务。故惶恐请愿延期八十日，为此派嫡子尚典东上，奉愿御容许。惶恐顿首。
>
> 明治十二年四月[③]日
>
> 旧琉球藩王 尚泰
>
> 太政大臣 三条实美 殿

① 扔役：指接待员、处理事务的人员。
② 头役：指各种事务处理人员的头目。
③ 原文此处为空格。

今者，蒙侍从富小路敬直被差遣慰劳之敕谕，且亲切谒觐。为迎接发官船之睿虑，深刻感戴。当速东上奉伺天机。然当下患重症，不能成行。且就废藩须对人民说谕，有诸般事务。诚惶诚恐，为八十日延期之愿，派嫡子尚典东上。万端御情况御奏达。惶恐顿首。

明治十二年四月[①]日

旧琉球藩王 尚泰

宫内卿 德大寺实则[②]殿

同八日，内务省办事处来如下信函。

本日，御指示，向旧管辖下布告。开往宫古八重山岛之船有之。明二十九日午前第十时之前，当无停滞，向办事处御提交，上呈于松田大书记官。兹此通知。

明治十二年四月二十八日于那霸

内务七等属 西村义道 内务一等属 远度达

致浦添、富川、与那原

就上京之事，请愿延期。蹈其愿中之主意，诸般移交等事务，当至急按序处置。就中，关于向旧营民[③]布告之事，近

① 原文此处为空格。

② 德大寺实则（1840—1919），幕末至明治时期的公卿、官僚。历任宫内卿、内大臣、明治天皇的侍从长。

③ 根据原文第180页第一行：唐荣（久米村亦称为唐营）。“营”或指村，“营民”可指村民。

日有船派往八重山岛、宫古岛等，可立即处理。

明治十二年四月二十八日于那霸

处置官内务大书记官 松田道之

旧琉球藩王 尚泰 殿

向旧营人民布告一事，有如上之督促，不得辞之。如下调制文书，经松田处置官内阅后，向两先岛[①]及国中传达。

关于向清国朝贡等事件断绝之事，难以默止，向太政官数回叹愿。至今者，以命令不恭之旨，受废藩置县之御处置。愧对士民，不胜郁闷。然不可心怀疑惑，当定方向，从新县之命令。内务大书记官松田道之殿有御达，向士民传达御处置。兹此广告。

明治十二年四月二十九日

旧三司官三名 联署

每日，旧众官吏聚集于中城殿，讨论辞绝松田之命令，国中人心一致守义之方法。各村士族亦集合于各学校，各村选拔骨干四名，集于国学，凡与松田之应答及实施事件，逐一报知。且内命固持志操，缔结团体，不从日本之命令，而待清国之援兵。士族等激昂奋励，每人联署捺印，制誓约书。若奉日本之命令，受官禄者，则刎首不赦；若遇其害而义死者，则以共有金抚恤救助其

① 两先岛：指冲绳县西南部宫古岛与八重山岛。

妻子。三地方各间切吏员等，亦如此缔结誓约。此时，首里、那霸士族等，会此处，集彼处，议论喧哗无虚日。松田大书记官向旧藩王赠如下书简，旧三司官传达之。

听闻各间切居住之辈中有此旨，士族十五岁以上者，当按安排参集。此事若果真，于废藩御处置之际，则相当于谋反集众之所为，甚不合理。依之，若旧藩厅士族有要事，则以每处各出三人以下为限；除代理以外，不得招集其他人。若违反之，而多人参集，不才将不问其为何等情况，皆视为违反之行为，严厉处置。此者知悉，向士族通告。

明治十二年五月八日（旧闰三月十八日）

内务大书记官 松田道之

旧琉球藩王 尚泰 殿

另纸御达。各村严重取缔，不得有异议。兹此传达。

明治十二年五月

旧三司官 联署

致首里、那霸士族

如上达书一出，士族等大为震悚，悉止学校集会。

闰三月二十四日（新五月十四日），松田大书记官发来如下交涉文书。

近日，那霸里主[①]、物城笔者（那霸公所吏员）共称病，笼居自宅，避村里相关之事。关闭亲见世（官府机构公所），依御用传唤而无一人应答。旧藩事务之移交尚未了结，内务省尚未命旧藩吏解除旧藩事务处置之职务，即擅自关闭公所，无一官吏值勤，甚不成体统。对此，做何评论，当详细陈述。

明治十二年五月十四日于那霸

处置官 内务大书记官 松田道之

旧琉球藩王 尚泰 殿

依上述交涉书，旧三司官向亲见世吏员等传达，应从内务省之命令处置旧事务。

同二十八日（新五月十八日），汽船东海丸入港，宫内省御用处陆军少佐相良长发、侍医高阶经德来琉。依之，松田大书记官发来如下通知书。

听闻[②]患病。今者，派遣宫内省御用处陆军少佐相良长发、侍医高阶经德，来御探望。今日午后三时，不才同伴，拜访其邸。兹此通知。

明治十二年五月十八日于那霸

处置官 内务大书记官 松田道之

旧琉球藩王 尚泰 殿

① 里主：在琉球，位于贵族之下的总地头。

② 原文在“闻”之前空一格，主语当指日本天皇。

同日，午后四时，松田氏伴相良、高阶两氏来中城殿，仔细检查旧藩王之病状。旧藩王在左右搀扶下，于内院见之。高阶氏诊察良久，退去。相良氏在旧藩萨摩管辖之际，曾奉萨侯之命来球镇守，驻扎三年。屡设宴会，故能识旧藩王之面貌。松田氏归那霸，发如下上京督促书。

今者，就上京请愿八十日延期之事，不被听许。依东京御指令，当以本日着港之邮船上京。依之，自明十九日起一周内，定出发日期。于明日午后二时前，向不才申告。

明治十二年五月十八日于那霸

处置官 内务大书记官 松田道之

旧琉球藩王 尚泰 殿

同二十九日，旧三司官抵那霸，见松田，曰：以敝主近日之病状，无论如何亦不能上京。且目下中城王子正于东京请愿上京延期，请稍许缓期。松田处置官曰：东京发指令，上京延期不予采用。且医官诊断，以今之病状上京，亦绝无挂虑，当速定出发之日期，申告。旧三司官不断哀求请愿，更无听取之色，直归。旧藩吏与首里士族评议，其议尚未决定，松田处置官遣属官二名，频频督促上京之决答，云：若今夜之限内不能返答，则直移交与警察。入夜，尤守候于中城殿，至深更，发督促如下。

先前所提御决答之事，望火速申告。及深更，再通知。

明治十二年五月十九日

后藤内务三等属 吉田内务御用处

旧三司官公启

旧官吏虽不断被追穷，亦不忍劝旧藩王病中上京。然又恐若迟延一刻，忽陷处置。只进退两难，胸中悲叹煎熬。情况业已逼迫，旧藩王乃翻然自谓：与其受驱逼耻辱，毋宁亲自决定。乃发允许上京之命。

同三十日，早上遣旧三司官至松田处置官之处，言出京之御请。亦将其旨传达于首里、那霸士族。首里士族等数百人，沸腾激昂，请求止上京之命。旧藩王乃唤出各村士族之长者三四名，面谕。依之，稍归镇静。唯龟川党之者，敢不奉命，啸集尤未休。旧藩王忧之，命众官吏归各村，郑重谕解子弟。

此时，旧藩百职之吏员等为移交各自所掌之事务账簿，且附一一说明，至新县厅。情况极其繁杂，平等所（刑官）、米藏（国库）等，已诸般移交完毕。

四月三日（新五月三十一日[①]），冲绳县发来如下[②]文书。

久米村长史[③]及加势[④]、笔者等，对官厅之事，无论何等情

① 原文为“三十三日”，疑讹字。

② 原文为“如上”，疑讹字。

③ 长史：官职。

④ 加势：官职。

况，皆闭锁哉。既昨日，有至急之要事而传唤，长史等无一员到来，甚是妨碍。至各宅传唤，亦不在。依之，向总官神村亲方照会。然该书未开封，原封返还，甚不体统。且无申告而擅自处置开闭，是奉何等之命哉。其意不明，将严加御咎。迩来，望无上述之不妥。兹此御达。御协议。

明治十二年五月二十三日 冲绳县

旧三司官公启

四月七日（新五月二十七日），东海丸开洋。旧藩王于第二子尚寅公（称宜野湾王子，年十四）及随行官吏之相伴下，午前八时，驾轿舆起程。拜辞观音堂、崇元寺庙，于那霸里主公馆暂时停休。正午十二时，驾船，即刻拔锚。随行人员有：小禄按司、护得久按司、具志头按司、旧三司官与那原亲方、旧物奉行末吉亲方、旧众官小波津亲方、安谷屋亲方、旧锁之侧亲里亲云上、旧吟味役[①]安里亲云上、近习头、近习侍头侧仕、旧评定所主取、同笔者、旧用意方笔者，另，宜野湾王子屋加（守卫）侧役及其他仆从，凡百人许。王子、按司、亲方、亲云上及士族、平民、各间切吏员等数千人，护卫乘舆，至那霸，于港口送别。昔年，尚宁王被萨兵所拥，赴鹿儿岛之时，曾于通堂（一名：迎恩亭港口）与国人永诀。其随行人员及送别众人悉掩泪，不能见。然今回之随行员，皆意气扬扬，毫无为难之色。送别之众官、国人，无一人蹙额抚胸，开口谈笑，与平日无异。何以如此哉？此乃人心皆谓：旧藩王暂忍耻

① 吟味役：官职，指刑事裁判。

辱，枉驾尊躯。而清国之援军不日奔来，国家必中兴。

旧藩王开洋后，众官吏、士族、平民等至寺院、山岳森林祈愿，与中城王子开洋之时相同。

同十四日（新六月三日），松田处置官怜悯县下士族等顽固而不悟时势，发如下告谕书。

对冲绳县士族之告谕

不才今者，自执行御处置之事以来，视子等之动静，不仅有种种纷纭议论，就中亦有不稳之行为。遂基恭顺之道，而不至使旧藩王抵罪。此全岛之人民可享今日之无事安宁，为旧藩王及全岛人民，实可庆贺。为子等之忠国，岂能不感之乎？然犹有一事，为子等而忧。则近来察子等之举动，无论被新县任命何种职务，固辞之；若有奉之者，亲戚责之，朋友迫退之，乃暴戾可恶之所为。此之所以然，盖出于对旧主之情谊。然其旧主已恭顺从朝命，退离居城，整顿旧藩事务，遂抱恙上京，表其忠诚。今子等尤有如此之所为，不仅有误于对其旧主之情谊，亦有悖于旧主忠诚之意，实可谓困惑之至。故子等若实有公平不耻之心，当从新县之命，无论何等职务，当从事。乃协助旧主恭顺忠诚之意，而子等之对当主之情谊亦可保全。且奉县职，本非为县，乃为其社会之理。此事与彼之战国之背其主而仕敌主相异，判然甚明。子等何不尽快着眼于此哉！然子等若犹不悟，不改旧态，则于新县，子等将成不可用之者，百职皆取内地人，遂此地无一人得以就职。将自受社会之侮慢，殆与一般相区别，如同亚

米利加[①]之土人，北海道之阿伊奴[②]，此乃子等自招之处。况琉球之地，土地狭而人多。不论何事，若不多方从事，难得生计。若百职皆内地人之专有，则此地人将失诸多职业，此亦子等自招之处。呜呼！诚可谓甚欠思虑。子等若幸有所悟，不为此等举动，以至于缩此地人之权利，失此地人之利益。不才近日将归京，临去留数言以谕。

明治十二年六月三日于那霸

处置官 内务大书记官 松田道之

同十五日，松田处置官送如下文书。

自三月废藩令下达以来，为首里城移交及旧藩事务继续、其他诸般调查等事尽力勉励者之职名及姓名等，当至急调查提交。

明治十二年六月四日处置官

内务大书记官 松田道之

浦添亲方 殿 富川亲方 殿

旧三司官受如上照会，返答曰：今回，诸般移交、继续调查等事，旧藩吏一同致力，并无特别尽力致力之人。

同二十四日（新六月十三日），松田处置官业已将其奉命，即

① 亚米利加：指美国。

② 阿依奴：指原住民。

废藩置县之处置事务完毕，将诸般事务移交于锅岛冲绳县令（名直彬。上月二十八日，驾东海丸来县），率随行员及警部巡查、陆军步兵诸多，分驾本日出港之汽船田子浦丸与丰瑞丸二艘，归东京，并留置诸多警部巡查、兵士。

同二十八日，旧藩王初坐驾东海丸，于本月七日从那霸出港，于鹿儿岛、神户暂作停泊。同二十日，着东京品川港。旧藩王依朝命，寄寓于宫内省别馆。本日，向天皇陛下及皇后陛下入觐。世子尚典在第二子尚寅及其他按司、亲方等相伴之下，参拜宫内省，于小御所，拜谒天皇陛下。毕，参拜太政官。即于麝香之间（麝香之间乃殿名。有例规，受宠之华族于麝香之间被敕封[①]），旧藩王叙从三位，世子尚典叙从五位。将其寄寓之宫内省别馆下赐于旧藩王，为住栖之所。因之，呈御请御礼之书，命移籍至东京。旧藩王派与那原旧三司官，辞之，曰：离开祖先之坟墓而移居于此，心思不忍。且非病体保养之道，冀放还于故国。内务官吏不许之，曰：命旧藩王移籍东京，乃参照内地旧藩侯接待之例。若辞之，则不免为触犯国宪之行为。旧藩王即呈御请御礼之书。内务省官吏命旧藩王，悉唤妃嫔眷属至东京。旧藩王亦派与那原辞之，言：琉球妇人，体质柔弱，不能航海。既于麝香之间，受赐酒肴。亦参拜青山离宫，拜谒皇太后陛下。毕，归寓。即派世子参拜太政大臣、参议[②]之各邸，表御礼。其后，与那原等向内务省再三请愿，赐旧藩王休假，放还故国养病。然内务官员不许之，曰：因琉

---

① 敕封：指皇帝颁诏书封赐臣僚爵号。

② 太政官是日本旧设的机关。明治二年（1869），参议设置于太政官之中，左右两大臣之次位。明治十八年（1885），内阁制实施，遂废止。

球之事件，既与清国生葛藤，在葛藤未解之际，请休假乃大不可。

初，王叔伊江王子、王弟今归仁王子，被叙华族，当呈出御请御礼，入觐上京。冲绳县令督促，而两王子共辞华族，亦称病，辞上京入觐。

五月三日（新六月二十二日），福州漂泊之琉船归帆。旧评定所笔者主取，龟山里之子亲云上（曾随同幸地亲方渡清）驾此船归国，曰：就琉球之事件，向福州官吏询问清国政府之动静。云：目下，清国政府命浙江总督操练海军之事益盛。值此天下无事之秋，如此之举动，岂非另有他事欤？思之，岂非援助琉球之准备欤？旧众官吏闻之，大为欢悦，或感激涕零。

废藩之初，唐荣（久米村亦称唐营）之蔡氏湖城里之子多嘉良按司（小禄按司之长男）向浦添按司求旅费，密雇船只，渡航至福州。见幸地亲方、国头亲云上，告知琉球废藩。幸地、国头，即伴众多随行员，抵福建总督衙门。恸哭，告知本国失守之急。总督问曰：日本军几万人乎？战况如何？殉死者几百人乎？幸地、国头不能答，大耻。既共驾汽船，渡航至天津港，见直隶省总督李鸿章，告急请援。国头上北京。李鸿章曰：听闻国王业已随顺日本，叙华族，受金禄，岂有援助之理？幸地不能答，然不肯归国。久居，哀求恳愿，而毫不见采用之色。然对本国报知，清国必发援军，是以国人悉不从日本之顽心益发巩固。

五月四日，本日古来有爬龙舟竞渡之风俗。然因废藩而废之。三艘竞渡中，一艘泊村，一艘那霸，一艘久米村。冲绳县令事先传唤泊、那霸、久米村之士族，劝说不可废旧例，命举行此次竞渡之表演。士族等虽心志郁闷而不能辞。

五月六日[1]，内务省办事处警察部遣巡查，拘留此次从福州归来之龟山氏，咎问其在清所为之事实。龟山氏不堪苦楚，一一供认，未经多久，病死。

旧三司官及十五人众，旧定役及其他旧诸公所之吏员等，虽受冲绳县令再三强令，授官职，悉固辞不受。

此十五人众，亦称奉行众，皆承顺三司官，分担国政者。即锁之侧一人，双纸库理一人，同吟味役一人，泊地头一人，同吟味役一人，平等之侧一人，同吟味役一人，日帐主取一人，那霸里主一人，所带物奉行一人，同吟味役一人，用意物奉行一人，吟味役一人，给地物奉行一人，同吟味役一人。锁之侧，司向日清聘问[2]、进贡及外国事务。双纸库理，司褒赏及礼仪。泊地头，司泊村及鸟岛所产进贡硫磺。平等之侧，司刑事。日帐主取，司三司官事务之出纳。那霸里主在那霸勤务，司事务。所带物奉行，司贡赋出纳。用意物奉行，司支那册封使来临及向日本幕府派遣使节所需费用之准备。给地物奉行，司诸官之俸禄及向日清派遣使者、吏员之旅费支出。

申方笔者十余人，隶属于锁之侧、双纸库理、泊地头。平等所大屋子八九名，隶属于平等之侧。账当笔者十余人，隶属于所带物奉行。给地方笔者八九名，隶属于给地物奉行。

① 原文为“五年六日”。疑讹字。

② 聘问：指国与国，或各官厅之间派遣使者访问。

是皆无年月之定期，按就职之顺序，担任派遣至日清之吏员，故谓之定役。其他，不论年数、定期之有无，转任诸座诸藏[①]，只领役俸之利。

所谓诸公所，指用意方[②]、田地方、高所、取纳、会计等座。各处有大屋子笔者数人或十数人，其他细职、小役尤多。用意方，隶属于用意物奉行；田地方，掌国中农事之指挥；高所，掌田野丈量及规定贡赋额；取纳座，掌贡赋之预算及督促；会计座，掌诸方之账簿计算。

诸座诸藏，指船手方、砂糖座、米藏、钱藏、用意藏、给地藏、仕上世、普请座、瓦座、小细工座、料理座、大台所等。各处有大屋子笔者数人，是皆为钱谷、出纳、物品、制造等，有诸多利益金，谓之役俸。其役俸多寡不均，或三四千元，或一二千元，或七八百元，或二三百元。根据定役及诸公所，或为旅客勤务功劳之轻重而任之。船手方，掌船舶造营及处置；砂糖座，掌专卖砂糖；米藏、钱藏，掌所带物奉行之钱谷；用意藏，掌用意物奉行之钱谷；给地藏，掌给地物奉行之钱谷；仕上世座，掌向萨摩官吏支付钱谷物品；普请座，掌土木；瓦座，掌砖瓦及陶器；小细工座，掌裁缝及雕刻；加治座，掌钉及金器；料理座，掌王宫诸仪式及招待萨宾之饮食料理；大台所，掌王宫诸仪式之第二等饮食料理及宫女之月俸米钱。

① “座”是江户时代，制造货币、度量衡等特定品之机构。“藏”指仓库。

② “用意”是准备的意思。“用意方”指管理国家财产和山川治理的官厅。

首里各村中取笔者及各间切下知役[1]、检者、捌理[2]、各村掟[3]等，受县厅改命，然皆辞不就，悉抛事务而解散。

首里各村中取笔者，以义务任之，无俸。

下知役与检者，各间切各一人，由首里士族任之。位在捌理之上，指挥监督。

捌理役，各间切各五人，由士人任之。地头代一人、首里大屋子一人、大掟一人、南掟一人、西掟一人，谓之捌理。另，各村有掟一人。

锅岛冲绳县令向各间切派遣属官，百般说谕，欲使吏员及人民服从。然皆固执不肯奉命。即命旧三司官，让旧田地奉行及吏员等巡行告谕。旧三司官再三固辞之，不被允许。就强令处置一事，与旧官吏商议，不得已决应诺。命旧田地奉行吏员等与县厅官吏相伴，至各间切巡行。奉行吏员等分两拨，一拨赴中头岛尻地方，一拨赴国头地方。既启程，首里士族等沸腾，怒其顺从县命，迷惑国人秉义之心；议论俟其归，迎之，加以戕害。奉行吏员等闻之，大怖。各称病，中途归。

县厅官吏忽然来临本国，不通晓士人之情实，且士人皆不肯奉县命，不能着手指挥。虽苦心焦虑，愤懑之至，却坚忍，不加

① 下知：传达。役：职务。

② 捌理：琉球王府时代，在地方村子的“地头代”之下的地方官吏的总称。

③ “掟”是规则、规矩的意思。“村掟”是自治性村规，内容涉及村内秩序、防卫、灌溉用水的使用管理等。

苛酷之命令。施宽大之处置，只柔声愉色，说谕劝奖。

首里之士族大湾仲吉、松岛久高等诸氏言，那霸士族某有此言行。其人云：国人等不肯奉县命，忘陷入贻误前途之不幸，乃是顽冥不灵之行为。大为愤慨，离群绝交。挺身，秘密就任县官。人视之为探访人（卖国奴），娟嫉猜怨，不啻于仇敌。父母放逐之，乡里与之断交谊，不以为人类。即便如此，亦毫无顾虑，其意所谓：我琉球乃海外狭窄之小岛，物产极少，不能满足需求。古来，人民日用物品盖仰日本产。倘若离开日本，则一日亦不能养生，此事人皆明知，而犹不肯服从日本，只管汲汲于顽固。是特因旧官吏唱和，伪信诈义，诱惑之所为。旧官吏等欲长久保持日、清两国之关系，保存门阀之资格。若归日本之一属，则世袭衣冠之阶级将皆无。登庸任官，悉为笃学多才之平士之专有，而恐我等忽陷冻馁之悲境。故凡聚会协议，每每将拯救国家之危难置后，将谋划自己之保存为优先。竭尽全力，唯以拒绝日本之命令为务，乃愚顽一团。旧藩王英明所见，发顺天之至悃，保国之神策，而打破之。所谓为国家尽忠诚，是何也。只为清国，而蒙守信义之假面，诱惑众人。国人不悟之，唯信旧众官之所言。狂行癫为，毫不辞之。终至失业，为饥寒所逼，颠沛流离而无所托之惨状，悉荟于我身乃忘之。噫！我等不忍坐而视之，率先奉县命，欲开国人幸福之前途。

锅岛冲绳县令见首里、那霸、泊、久米村之各学校悉闭校，发如下告谕，而无一人应诺。

教育不可忽视，更不待喋喋。就中，年少子弟之修学，一日亦不可缺。然当县下之弱冠，正遇方今废置变革之际，或未审御趣意之旨，却信道路之浮言（指有清国援兵之言）。一时迷失方向，中止多年之修学。岁月荏苒，实当痛惜。一切当如从前一般，了无疑念，一心勉学。兹此御达。

明治十二年七月

冲绳县令锅岛直彬

六月二十八日（新八月十五日），此前，安排定役及田地、高所、取纳、会计座、山奉行所、其他诸座诸藏之吏员等，每日抵那霸，向县官移交所掌之事务。至今日，一切完毕。

当夏稻作丰熟。从前之丰作，有三地方、诸离岛等偏倚之地，今者举国丰熟，无所偏。父老尝云，此乃未曾有之事。此前，国中作物不丰，殆十年。租税代价腾贵，人民之苦难实难以名状。三地方及各离岛，愁叹之声不绝。至此，颦眉始展，笑逐颜开。废藩之际，举国人民不分贵贱，无不悲伤。何故上天赠如此丰瑞乎！思之，本年正月，藩王施仁政，命藩内众官将，凡对各自领地之百姓额外征收钱谷物品及徭役等对人民有妨害之事，皆禁止。其仁惠恩泽，浃洽举国生灵之心肝骨髓，而酿成天地之和气，出现如此之异祥奇瑞哉！

锅岛冲绳县令发令，对旧藩官吏支付现今在职之俸禄。以诸般移交完毕之日，即至八月十五日为止，按日结算呈出。且对旧三司官命令，旧官吏各有家禄，士族、平民有勤功勤星[①]，对尚未

① “勤功”针对有薪水之吏员，“勤星”针对无薪水之吏员。基本上是对下级吏员的评定。

领取役俸金者，一一按旧藩规则支付役俸金。家禄按世袭递减之长短，星功所持者，按勤功之崇卑、勤星之多少领取。役俸金之众寡额，当悉调查后呈出。旧三司官与旧众官吏协议一致，不屑接受日本之恩惠，悉辞绝之。

其后，未经数年，旧众官吏及士族、平民等困窘，几近饥寒之境。于是将俸给金及家禄金、役俸金计算呈出，无不哀愿。家禄金、俸给金按其所呈下赐，唯役俸金仅下赐总计金额六十余万元。

七月朔日（新八月十八日），县厅官吏此前对待人民，大凡执宽大之主意；对顽固不化，悖戾抵抗之所为，亦忍之，百般说谕，努力开其顽心。诸般移交，业已完毕，迩来，改为强硬之主意。初，松田处置官发令，禁止旧官吏收入国中之贡赋钱谷。然本年旧三四月，及贡赋麦纳之期，诸座诸藏之吏员及有领地之旧众官等，悉收入之。至此，警部数名来中城殿，苛责违背命令。本日，将旧物奉行安室亲方拘捕；同十日，将同吟味役津波古亲云上拘捕，带至那霸砂糖座（临时警察所）拷问。另龟川党之与那城按司、津嘉山亲方、泽岻亲方及其他首里各村旧中取、旧笔者等十余人，被拘捕至旧客馆（首里临时警察所）。此等皆被视为煽动国人，阻挠县命之头目。小禄亲方亦被误认为其党，被拘留。另旧定役人及旧公所、旧诸座诸藏之吏员、各间切下知役、检者、捌理役，且宫古、八重山，各离岛在任头目等，每日轮次拘捕，凡百余人。将其扣留于旧客馆及旧砂糖座，交互带出，严刑拷问。其拷问，用绳捆双手，悬于屋梁，杖打痛殴。苦楚残酷至极。放声啼哭，二三町外亦可闻。闻之，人皆疾首疼胸，无不战栗震撼。累绳长棍之痕，皮肉绽破腐烂。其人被拘留，那霸、小禄、丰见

城[①]边之细民[②]等，秘密通报于县官者众多。指示其人之家宅，警部巡查四名或六七名[③]，悉闯入其内，拘捕之。若逃跑隐匿，不在家，则拘捕其父兄子弟。甚者，逼迫去妻。故其人不能隐遁，不得已自出，束手就缚。首里、那霸上下，骚扰不堪，人人无不怀自危不安之心。

七月二十五日（新九月十一日），旧三司官出议题，聚集旧众官吏协议。其议题之要旨，言：国人不能固持节义，向县官通心，探访者日益增多，人心之溃乱如此。旧众官吏之被捕者日益增多，拷问之苦楚，如彼。该如何是好？其时，予被选举为亲方部之食客。见此议题，心谓：从前之议题，乃以何计划主意拒绝该命令。今议题与之相异，即不外乎以不得不遵奉之意思为之回答。当作何等设法。只从容静坐，屡屡回首，见同僚者之面，悉默居徘徊，苦心焦虑。予年少，坐末席。同僚中有与仪筑登之亲云上，年高，占上席，乃旧平等所大屋子主取，有事务老练之目。乃招予，上其席旁，低声问曰：议题重大，君何以从容，岂非有卓识异见乎。予答曰：小生何敢有异见。思之，今议题与他日相异。当知三司官之意，即只遵奉。与仪曰：必持义守节，迁延二三月，待清军之来援。此当运用何等计划乎？需寻思推究。如君之所言，从前固持之节义，忽然扫地，而无丝毫之办法。予曰：事机既切迫，三四日内岂能出现奇华，如何得以迁延月日乎？若至三司官，则谁将成为中心，统御众人欤？问答云云之间，按司部遣人来，曰：议题重

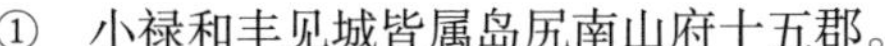

① 小禄和丰见城皆属岛尻南山府十五郡。

② 细民：指贫民。

③ 原文使用两次“或六七名”，当印刷之误。

大，不得不彻夜决定。请与亲方部为一体，统一议案。同僚皆以为然。予曰：不可，当提出各自意见异同之议案。为何一定要求一致哉。况人众必定议论百出，难以为一决。众曰：人众则议精。语未毕，而时针将垂午后十一时。警部巡查十数名，带剑，提手烛，步履声嘎嘎然，俄入缘内[①]。缘上，收拾众官吏之草履等人群集，大惊，奔入殿内。其势大为骚动。众官吏突然受警军夜袭，神魂飞跃。悉起身，争先向四方散乱溃走。骚扰之余，乱步之中，被平席绊倒，辗转者多；撞石，被树木戳，伤头颅，破手足。予亦奔跑出庭，将要逾垣下街时，街上彼边此边，被捉捕者号啕大哭。予乃折回，静坐良久。最后，寂然无人声。乃下垣，归家。警部巡查来旧三司官之席，问今夜集会之事实，且找出账簿查看。良久，终归去。此夜，按司、亲方数名被拘捕至旧客馆，各学校亦有士族等集会。警部巡查闯入中城殿之际，派遣数名入仪保村学校，士族等逾垣逃遁。赤平村学校之士族等闻之，自溃走散乱。

同二十七日，旧三司官浦添亲方被拘捕至旧客馆。旧三司官富川闻之，急来中城殿，发回书，征聚旧众官吏，商议措施方法。前夜之骚扰，心溃魂失。固持节义云云者再无一人，悉谓：当不受日本人之强暴，暂时假装应其命令，以待清军。议决，富川即来旧客馆，见警部，为如此拗戾背命而谢罪。且曰：将来改过表诚，当惟命是从。冀悉数放还被拘捕之旧藩吏等。警部大喜，曰：将此等捆缚鞭策，实愍然。然执迷不奉命，抵触国宪。我等于执掌上

① “缘”是边的意思。日式住宅内需要脱鞋，住宅高出地面一阶。先在外面脱鞋，然后登上接在房屋外侧、铺着细长木板的部分。有时也写作“椽”。

不得已，挥泪行之。诸君表恭顺之诚，岂能不为诸君贺喜哉？当以书面提出。富川假装不知浦添被拘捕，曰：本日，浦添未出席。乞唤出之，共联署，即退归。警部将浦添带出，曰：富川来，如斯请愿。当速归，共呈出愿书。乃接受，递簪，放还。浦添连草履亦不取，跣足来中城殿。与众商议，提出如下叹愿书。

旧藩吏诸卿、岛士族者，其中以不适当之事由，多数被御拘留，实惶恐。上者乃因我等于废藩之际，仓促繁剧，自然事务上有不周到之处。因此酿成前条之件，恐惧至极。尔后，当勉力使万般不适当无之，务必处理。万一酿生不适当之事，我等担其苛责。前之情实，恳请御怜察之上，以特别之仁恤，对上述之旧官吏及士族之过失，御宥免。伏奉叹愿也。

明治十二年九月十四日（旧七月二十八日）

旧众官联署

警部将安室津波古及其他拘留之旧藩吏士族等，悉放回。其被放回，首里各村，日期相异，将士族等唤至旧客馆。悉排列跪坐于大厅，拘留者若为其村所出，则解放加入其列坐。警部数名位于厅上，三番五次说谕。其要旨为：琉球往古以来隶属于皇国。今度被施以废藩置县之处置，乃参照内地一般之例，不得已而出。且藩王亦奉朝命，子等悖戾拒命，对旧藩王是谓忠乎，或谓不忠乎？况缔结誓约，乃至大悖逆无道之所为，国宪不能宥赦。当严厉咎问，对头目处重罪。然则旧三司官等请愿，且朝廷固以宽大措施为主旨，当宥赦之。子等当将之铭于心肝，朝暮不忘。自今以后，解除违反之迷惘，表恭顺之诚。凡发命令，不论大小，尽遵奉，丝毫不得违反。交互摇舌鼓唇，设喻引例，或辱骂，或警戒，或劝奖。千言万语，数小时络绎不绝，宛如训谕无知蒙昧之儿童与庶民。士族等稽首叩头，只连声唯唯。然顽心犹不化。虽阳有服从之色，阴则悖戾弥固。心中谓：国家既灭亡，藩王蒙辱，清国何故遣军舰如此之迟哉？今日至乎？明日来乎？不啻于望大旱之云霓。陟此山，跻彼峰，伫立，至眼目枯竭，望西南沧海，而无丝毫之迹象。

八月九日（新九月二十四日），旧三司官浦添、富川被任命县厅顾问官，奉行众五名、定役人数名被任命为御用处。自本日起，至县厅执事务。

同月，亚美利驾[①]合众国之前大总统克兰德氏[②]为游览东洋各国抵支那，本月来日本。其在支那之时，受恭亲王之托，就琉球事件向外务卿建议谈判。此前，恭亲王及外务衙门之内阁员向日本驻清国公使宍户氏赠琉球事件谈判书。今克氏对日本之建议之要旨，乃参照此书之意而陈述。其略曰：琉球数百年来连绵受我册封，守我历法，向我纳贡物，天下万国遍知。然其政府之法令禁制，特意任其国之营治。然而，与我清国及日本缔约之各国，亦与琉球交换条约，此乃承认琉球为建国之明证。琉球固顺服我大清国，亦顺服日本，清国知其实情，然特意不咎问之，此亦承认琉球为一独立不羁之国。今琉球向我纳贡之事，在我国并不以为重大紧要。琉球果真有何背日本之处，以至于彼之政府将其废

① 亚美利驾：指美国。

② 尤里西斯·辛普森·格兰特（Ulysses Simpson Grant，1822—1885），美国第18届总统。

藩置县？此等处置，当云日本不履行日清两国之和亲条约之第一款。其第一款，对两国之领属，两政府互以渥礼相遇，不可相侵。何况琉球乃我国及各国之认可之独立国哉？然日本无故而灭其国家，禁遏其贡奉，对我清国及各国不可不谓不敬之处置。琉球以其国蕞尔，而甘于顺服于日清两国。特以靠近日本，每有事，则恃日本之保庇防御。今之如日本废灭琉球之现状，不仅不能增加日本之名声，乃反各国之正理公道之处置。速止琉球政府废灭之处置，而使两国和平，日益亲密。日本政府员向克氏详细答辩，其要旨，与明治十年九月，同驻扎东京之清国公使何如璋、张斯桂辩论相同。前文已有详述，兹略。克氏为两国劝仲裁，曰：依贵国之辩解，明证琉球乃日本之隶属。然琉球数百年来，世世受支那之封爵，亦隔年纳贡物。视之，亦不得不谓清国之属邦。某之意见：亚细亚洲虽逐渐扩大，其间，能称独立建国者，仅日本与清国。为琉球之事而相争伤和，尤非上策。依某之所见，在琉球诸岛间划一线，接近台湾之数岛割让与清国，以尽早解除纷议为长策。政府员曰：对贵君之忠告，甚为感谢。然琉球固我所有，假令为两国媾和，我不能发言割让。若清廷为保全其面目，而请愿此割让，我当不拒之。克氏即向清国政府报知此旨。其后，清国政府请与日本谈判，言：琉球本岛成独立国，东北群岛归日本所有，西南诸岛归清国所有。日本政府认为，此与克氏之旨趣相反，拒绝之。

琉球分岛事件，至明治十四年，清国政府派清国驻扎东京公使谈判。求将宫古、八重山两岛割让与清国，日本政府许之。然又云：旧藩王既列华族，此事不能恢复。当立其他王族之者为王。清国公使私下将此趣报知在东京之旧藩官吏，求可否。官吏等议之，议论分两派。一方认为当谢绝之，不当建至小之岛屿国。一方认为，当暂立别主，两岛建国。若清国出现乾隆皇帝一般英明之主，伐日本，收复琉球全岛，国家当中兴。旧藩王不喜后议，谓：事成之时，不能奉我之时，岂能弃我另立他王乎？翌十五年旧三月，在球之旧藩官吏等闻清国公使之报知，佥议。知两岛不能建国，即决定遣人至清国，叹愿收复全岛。依之，荐举富川。富川虽知此事难成，而不能辞。与随行者四五名，极其秘密雇船，逃跑至福州。旧藩王遣人至琉球，命旧众官吏议分岛之可否。众官亦分为两派意见，不能一决。富川已去，正叹愿中。今议之无益，暂待该叹愿之终局。其议终于休止。富川抵北京，虽频频提出叹愿，而清国政府不顾虑。

九月，向旧藩王下赐金禄[①]。依之，太政大臣三条公向内务省传达如下通知。

向华族从三位尚泰，下赐一成利息金禄、公债、证书，二十万元。兹此领知。

此时，旧藩王及世子之随行旧藩吏，及此前在京旧官吏约二百余人，在旅费用不赀，库货不堪支付之。因此，对小禄按司、

① 明治新政府废除旧禄制后，1875 年向华族、士族交付金券。

护得久按司、具志头按司、古谢按司、湧川按司、末吉亲方、小波津亲方、安谷屋亲方、丰见城亲方及其他近习、侍医、侧仕、评定所账当、用意方、各笔者、中城殿之大亲与力等，逐一赐假，使归国。

废藩之际，松田处置官发命令，旧官吏等停止领受各领地之作得[①]米麦。其后，锅岛冲绳县出令，当提出各收入额之计算书，以支付所作得之米麦。然对受日本之恩惠不屑。且得清国之援，国家中兴，再收入之亦不迟。悉谢绝之。月日迁延，而清不来援。旧官吏等无一日不受生活苦难。贩器物，典衣裳，渐至燃眉之急之形势。各大家将祖亲遗传之重器、贵物、唐和[②]所产之物，一概卖却。至此，就服从之事，县令发如下布告。

今归仁王子及之从前有家禄、领地之各位：

本年度当赐予家禄、作得、廪米，然依惯例，授受之期已过。仅限本年，由各间切办公所追加相赠。受取者当向各间切办公所提交实印之受取证，以交付与县厅。兹此传达。

但各岛之领受部分，必须经本厅相递。

明治十二年十二月四日

冲绳县令 锅岛直彬

旧官吏等受如上传达，争先至各间切办公所请求，收入其米

① 作得：除去上贡等，农业纯收益的意思。

② 唐和：指中国与日本。

谷。如大旱逢甘霖，为再造之恩，得以拯救涸辙之急难。而来年起，规定先按照内地一般之成规，将该米麦全部纳入官廪，计算其全额之价格作为金禄额，再由国库年年支付。

废藩之前，国中变异妖孽不断麇集。予虽不成文，亦作拙诗，志其略。

天神灵现是何祥，稼穑无登已十霜。百姓莫忧憔悴尽，延龄甘露瀼正正。

第一句，言明治壬申，比屋定山神人之现，详见卷首。第二句，言未废藩之前，稻麦凶作特甚。或遭飓风，颓败荡拂；或当旱魃，枯槁扫地；或值螟虫之害。十有余年，未曾见全熟。第三句，言举国人民重敛劳役，苦于凶荒。第四句，言近年甘露屡降。竹木枝叶上点粘，白凝颗颗，或如粘涂膏，其甘如蜜。

旱魃应推妖孽先，坤舆震动更年年。鸠鸣上苑悲何事，鸟下中庭欲乞怜。蝙蝠乱飞争暗夜，蜻蜓交影掩晴天。更看光焰三千丈，渺渺流行北斗边。

第一句，言明治癸酉，有三回大旱，详见初卷。第二句，言地震多。明治甲戌，旧十二月大地震，翌正月亦大地震。此月，政府命琉球断绝清国，为传达此命召三司官。旧六月，松田大丞来国。自此，频年国家多事，大小地震，日月相复，无暇记载。第三句，言近年之一异鸠，其啼与他异，颇哀伤。藩王以之为怪，遣人见之。其鸠甚易受惊，见人即飞。略与鹁鸠相似，稍大。第四句，言明治己卯旧二三月，有鸟集于首里人家之垣，或下中庭，求饭啄。此前绝无此状。古书曰：野鸟下都邑之时，其邑空虚。第五句，言明治己卯旧三月，某夜，一群小鸟乱飞。似蝙蝠又非蝙蝠，暗夜，其形不能辨。不知有几千万只，但闻空中横飞乱闯之声状。首里各处，皆无不然。良久，散去。第六句，言明治戊寅旧八月，雨后黄昏，有蜻蜓。其数不知有几千万只，掩天蔽日，自北向南而来，作阵，缓缓飞。首里各处，皆无不然。翌日，其迹灭。日本古称蜻蜓洲。第七、八句，言明治己卯旧三月夜，宜野湾间切有光条。垂中天，其长不知有几百丈。又有一条，自北而来。空中两条相遇，合为一条，飘飘缈缈，向北而去。

琉球三冤录

一、安正四年（咸丰七年）丁巳十一月，萨厅有命。任命异国通事大湾亲云上朝忠为十五人席勤务，暂执日帐主取之事务（分担政务之重官，云十五人众。日帐主取，掌三司官命令出纳，即十五人众之一）。弘化元年甲辰以来，英、法、俄、美等国人，相继来琉，求交易条约。其条约，大抵通行船舶来到之时，答应薪、水、米、菜及其他所需用品之购求，及遇难船之救护方法等。摄政三司官（掌国政之上官）思之，此乃关乎外国之重大事件，不得自行处置。向萨厅请命，萨厅更不听，乃悉拒绝外国人之要求。而其重臣野元一郎、川上式部、小松带刀、諏访数马、岛津带刀等，相继来琉临监，谓之守卫方。其属吏园田氏、市来氏，着琉人之服装，欹发插簪。凡我官吏接待外国人之时，每参加，以视察。盖防琉球亲外国，疏萨厅之忧。是以外国相关一切事务，不论大小，悉向守卫方请命。外国人等见不听许其要求，大怒，强制威迫不知凡几，几涉暴动。国事岌岌乎成累卵之势。国人上下，无不心寒。是时，我国朝暂设总理官，由按司、亲方选定，命之。摹做国政担当者，专掌外国人应接之事。摄政三司官居内，操纵之。大湾执通词[①]之役，昼不能休，夜不能寐，尽瘁

① 通词：翻译官的意思。

劳多。我官吏等之接待萨州官吏，执敬远之手段，无不阳亲阴疏。独大湾往来亲密，众官皆疑之，多认为其向萨州泄露国情。且萨州因大湾为事务尽瘁，有拔群之功劳，数次赐物品以褒赏。兹发特命，特进十五人席勤务，暂执日帐主取之事务。嗣后，日帐主取缺员之际可直升进。而真和志间切牧志转任村地头之职，改称牧志亲云上。我国朝官吏之涉点[①]，一般专由摄政三司官向国王请命，古来未曾因萨州之命。且臣士身份之级格定规严肃，平士格之人难以升级政务。今牧志以平士之身份，因萨州之命，超国制，一跃高升。亦颇有学识，不免有云外飞扬之自负心，其招国人之猜忌实多。是时，日本帝国尤处锁国之时代，与外国之交通不易被允许。唯萨厅欲开文明开化之端绪，私自发特命。命摄政三司官及玉川王子尚慎、物奉行恩河亲方，于支那[②]向英国人购买汽船一艘及其附属品大炮、铳[③]、剑，及其他一切器具。摄政三司官思之，我琉球古来对清国辨明，固不与日本交涉而得以保全永久进贡之役。若因购买汽船之故，而暴露与日本交通之情状，则有被停止进贡之忧。仍具陈事由，固辞之。然萨厅不听许之。是以摄政三司官等不得已，奉诺其命。其时，摄政为大里王子尚惇，三司官为座喜味亲方盛普、池城亲方安邑、小禄亲方良忠。大里、座喜味等怠慢而不能完成其事务，唯玉川、小禄、恩河、牧志能从事其命。故世人往往猜忌之，认为此四人亲近萨厅。且小禄善

① 该词查无结果。根据上下文理解为官职任命。

② 据说王朝名“秦”传入西方后发生了音变，为“支那”。近代以前，“支那”是外国人称呼中国的古名。与近代以后，日本蔑称中国为“支那”并非同义。

③ 铳：手枪，旧式火器。

饮好客，玉川亦嗜酒，与小禄有姻娅之好，屡屡集会饮宴。又恩河与牧志亲交。未几许，萨公俄薨，汽船购买不得，事遂息。然娟嫉之情尤不止，世上狡黠谄谀之辈，窥众官之风旨，构造小禄等非行[①]妄状，而多蜚语流言。其交友之丰见城王子朝尊、宫平亲方良宗、松堂亲方朝宪（保荣茂亲方之长男）、兼城亲方朝义、丰见城亲方盛纲、美里亲方安纲等，亦合而诽议。

一、同五年戊午五月，座喜味三司官受萨厅之命被免官，翁长亲方朝长被任命为后任。翁长乃协地头，有一村之领地。转任今归仁间切总地头之职，改称谱久山，此乃三司官成为总地头之定规。此前，座喜味三司官握财政之权，为国财之缺乏，国民之疲弊而忧；强戒官吏等培克[②]农民之弊害；且严格节省国库之支出，使吏员等失禄资之利。故怨恨座喜味者不少。兹不知何人之所为，暗地向在球之萨官投书，揭举座喜味之非行。此时，恩河为临时使者，在鹿儿岛。琉球馆闻役[③]新纳太郎左卫对恩河曰：座喜味三司官秉国政乎。听闻适逢萨商运米谷来琉球，特发酿酒禁令，使其贩路闭塞而苦之。且国库之使用省减，使吏员等失禄资之利。乃又限制国中之蔗田，使农民失耕利。果然乎？否乎？恩河以为，事关大臣，非当言，固辞不答。再三强趣[④]，不能辞，即言：发禁酒令，特意苦萨商；减省蔗田，疚[⑤]农民之事，我未曾闻之。严省国

① 非行：指不正当的行为。
② 培克：搜刮。
③ 闻役：官名。指驻于奉行所、并向藩内传达差役的职务。
④ 趣：古同“促”，催促、急促的意思。
⑤ 疚：穷困的意思。

用，苦吏员之事，有所风闻。盖因该投书，派新纳氏探问其真伪。未几许，萨厅发命，责座喜味之非行，免官。摄政三司官为座喜味之事恐惧，联署，恳愿其处置不至于免官。且思之必有人向萨厅谗诉，疑之，频频暗地搜索，而不得其实迹。今回，对座喜味之后任，按选举例规，由众官（指王子、按司、亲方及居要路[①]之亲云上等。以下同）投票。多数得票者为与那原亲方良恭，其次为伊是名亲方朝宣，再其次为翁长。云翁长只一票。摄政三司官向萨厅具陈之，请求按例规任命多数得票者。不知是何事由，萨厅任命一票者翁长，而将三司官免职，退多数票者之事，古来未曾有之，朝野恟恟怪讶，无不惊愕。当时，摩文仁亲方贤山为在番官（在番，如今之外国领事官），驻扎于鹿儿岛。新纳氏即向恩河探问座喜味之非行，语其始末；并言，申告座喜味之后任之际，小禄三司官暗地向萨官赠贿赂，秘密请愿任命次票者伊是名。摩文仁闻之，大为愤懑。适逢奉贺幕府将军继统之正使伊江王子尚健、副使与那原亲方良恭，渡来鹿儿岛。伊江、与那原刚至旅馆，摩文仁出迎，执伊江之手啼泣。将新纳氏所言小禄、恩河之事，逐一鼓吹。伊江等闻之，事出意外，大惊，言此事关系重大，约定待其归国后，新纳氏以一己署名之封书[②]报知于球厅。凡向球厅报知之文书，原本规定须由闻役及在番两人联署，然因此事隐秘，而要求闻役一己之署名。

一、同年十一月，牧志朝忠任日帐主取。

① 居要路：指位居重要职位。

② 封书：封口的书信。

一、同年己未二月二十三日，恩河之物奉行免职。同三月二十八日，下狱。有风言风语，恩河私夺国库向宫古、八重山两岛交付之金钱，摄政三司官信之。且新纳氏之报知书到来，合之，欲治其罪，乃请王命，免其职，下狱。任命仲里按司、宇地原亲方为咎明奉行[1]，莅平等所。与平等之侧、同吟味役、大屋子等一同总裁咎问之事务（大屋子乃掌咎问之役）。恩河于狱中受诸多拷问，亦不承认夺取金钱之事。大屋子等亲自向两岛吏员探问，判明乃无根迹之事，浑无根之风闻。依之，转其咎问，问及座喜味三司官谗害之事。恩河强调，此系全无事实。对新纳氏之问答，自始至终详细讲说，辩解无丝毫之谗害。虽受数回拷问，苦楚惨酷不堪，更不承认之。（所谓拷问，乃以两棒夹犯人之两足；用绳捆缚，让狱卒登其上，踏其棒。皮肉随棒剥离。使其感苦痛，即犯人无不放高声而啼，或昏厥不省人事。继则用水漱，醒之。当察其惨酷。）

一、同年五月九日，小禄三司官免官。此日，天阴，地震三回。其后任为与那原亲方良恭。此前，向鹿儿岛派飞脚使（三司官交疾[2]之际，向萨厅具陈之使者。另遇饥馑购买米谷或有其他至急之事而不时渡萨之使者，称为飞脚使）与仪筑登之亲云上归帆，见小禄。告知摩文仁在番在鹿儿岛诽毁君之事。小禄谓，是固无实，何至于加害乎？乃毫不介意。是年三月，唐之首尾使者（进

---

① 奉行：日本存在于平安时代至江户时代期间的一种官职。因受日本文化的影响，琉球第二尚氏王朝亦设有奉行的职务，如御物奉行、山奉行等。

② 交疾：该词查无结果。根据上下文理解为情况紧急，令人焦虑之时刻。

贡使渡清之事毕，归国，直抵萨厅，上陈进贡之事末之使者）宜野湾亲方朝保自鹿儿岛归国。携新纳氏之关于小禄之报知书，向政厅提交。池城三司官受取之，往小禄邸，示之。小禄言：其书中云云，无丝毫之事实。请求再次寄书于新纳氏，探问详细。摄政三司官即集众官于书院（南殿），议之。协议决定之结果，请王命，遣锁之侧浦添亲云上朝昭、物奉行龟川亲方盛武，至小禄邸，传达免职之王命。翌日呈出辞表。其后任，依投票之例规，任命与那原。此时，牧志日帐主取思小禄之免职，或出于谗害，长叹不已，欲救之，案出一谋略。让我从兄[①]物座账当（掌国库账簿会计总调度之官吏）桑江里之子[②]亲云上朝通秘密对小禄之与力役（家仆）潮平里之子亲云上谓曰：君之主人，小禄不当至免官。众官协议，将设立咎明奉行，进行咎问，谋划搭救之方法。今日，附役坂本权之丞（萨厅之来球官吏）对小禄之免官深感悯然。托此人，向政厅申述小禄之处置不当至免官，或可企盼豁免。而拜托萨官，当呈赠反布[③]。其反布一旦准备，予即尽力为之。潮平惮此事危险，不敢诺之，乃告小禄。小禄曰：今尚且空言受贿赂而无实据之嫌疑，岂能行此等之事哉？汝善为拒绝。

一、同年七月十八日，小禄旧三司官下狱。此日，地震数回，大雨倾盆。此前，摩文仁派宜野湾为咎明奉行，命仲里宇地原参

① 从兄：指堂兄弟或表兄弟。

② 原文为“字”，疑讹字。

③ 反布：进贡布、御用布，主要以苎麻为材料制作。

加。此日，仲里遣筑佐事（狱卒），命小禄[①]着丧服之白衣，来官邸。小禄即如命，着白装，乘肩舆而来。各咎明奉行等列席，吩咐：请王命，当咎明君。直护送至平等所（狱署）入狱。因之，城下骚扰，诽毁小禄之邪说流言，日益噪传。尤有甚者，传其有废立之阴谋，即废国王，立玉川。国中上下，迷信风传，不察虚实。唱和谩骂之声，满路溢巷。若不信风传，或为之辩解，即指为邪党，欲将之陷于伤害之地。正直敦厚之士，卷舌缄唇，唯长叹息。玉川、丰见城、宫平、松堂等，不知何时奇祸上身，抱自危不安之心，朝夕忧煎。大里、伊江召玉川（三名皆先王尚滮[②]之子，国王尚泰之叔父），苛责参与邪臣小禄之事。玉川辩解，固与此不合道理之事毫无关联，亦不信之。汝当速去妻。玉川答：愚妻何罪之有，而去之。虽是尊兄之命，小弟斗胆不奉。大里、伊江大怒，痛责之。大里、伊江、浦添等甚信风闻，悉数向大君（先王尚温之妃，浦添之伯祖母）鼓吹，大君震怒。召玉川之生母仲西阿护母志良礼（仲西乃姓氏，阿护志良礼乃女官之名），对玉川下严命，云：玉川须去妻，与小禄绝姻娅，且谢友，蛰居邸内，不许外出。仲西氏受命，震怖惊缩不堪。刚一归邸（仲西氏在玉川邸，就其养），猝然倒地，昏厥不省人事许久。咎明奉行等每日莅平等所，与平等之侧、同吟味役列席，命大屋子等带小禄出，咎问，小禄亦不首肯。大屋子等轮流咎问拷问，数回，小禄两脚皮

① 原文是“小咎”。疑讹字。

② 原文字为：左边是“氵”，右边是“影”。琉球尚灏王在位期间为1804—1834年。其后为尚育王，在位期间为1835—1847年，尚泰王之父。此处疑“灏”之讹字。

肉破绽，现髓骨，苦楚不可名状。然回答依旧画一。唯自首桑江氏来见潮平氏，让其拜托坂本氏之始末。至此，大屋子等遣筑佐事，将潮平氏带来，法庭传唤，咎问之，曰：汝主人有非行，正处咎问中。汝当知主从之义已绝，现就此前汝在小禄邸所执之事务，一一询问，汝须如实回答。此前，汝主人特别向萨官呈赠物品，汝当毫无隐瞒，直陈述。兹有正确之证据，汝若诈之，却惹自身之大祸，频频威吓。潮平答：小禄向萨官发遣特别之赠呈品之事，子虚乌有。我每日在邸内当值，执事务。凡向萨官发送赠品，必照旧例，或在与其他三司官交涉之上施行。大屋子等嗔目，高声苛责。乃命筑佐事，带出至外房拷问。极其惨酷苦楚，而回答止于之，无他言。大屋子乃改事端，言：桑江某，来汝宅，为小禄计划之事，当无巨细陈述。潮平唯唯是诺。一条之始末，悉原封陈述。大屋子亦遣筑佐事，带桑江某来，咎问。事实浑然符合之。

一、同年九月二十五日，牧志日帐主取被免职，下狱。牧志对问直答，与潮平、桑江之陈述无异。大屋子亦问：汝之前在三司官选举之际受小禄之嘱，向在琉之萨官拜托任命次票者伊是名，此事有否乎。牧志答，是亦非不然，直承诺有此事。因之，得以免除几多拷问。大屋子等亦带出小禄咎问。小禄答，未曾委托牧志。因之，被几多拷问，受惨酷苦楚。然毫不承认之。（牧志在狱中，一时脱牢狱，逃回家中。此时向家人留遗书，云：我未曾受小禄之嘱，与三司官选举毫无关联。今承认之，乃用一时之权宜。盖因拷问惨酷，不堪忍受。不承认死，承认亦死。因思之，毋宁承认而免一时之苦楚。曾在狱中吟诗曰：奸计流言或世频，无端唱乱陷良人。是非黑白谁能辨，只吁苍天泪湿巾。又曰：狱中困苦已三年，□□□□乱石穿。恰是齐人逢刖足[①]，茶车何日得言旋。足可察牧志之心事。）

一、同年十一月四日，增加伊江王子为呇明奉行。此时，摄政三司官思之，小禄之所以不白状，乃拷呇未尽之缘故，当用更加严酷之手段。乃请王命，增加伊江王子为呇明奉行。伊江乃受命，临呇场，与其他奉行等协议，暂停从前之拷呇，重新开始呇问。将小禄、牧志、潮平、桑江等逐一带出，加严酷拷呇，虽苦楚惨酷不可名状，皆答辩与前无异，亦未发现佐证之事迹。呇明奉行等协议，谓：飞脚使与仪氏归帆，向小禄告知，摩文仁在番在鹿儿岛频诽毁，却亦无任何辩解，此乃可疑之事件。乃带出小禄，言：汝对与仪之告知，待摩文仁之归国，亦不辩解之，此非行之事实确证也。然无论如何责备，小禄答：我之不辩解，无他意。因我固无此之事实，不至于辩解，唯按自己之意放置。因之，亦再三反复受严酷拷问，足以察其惨酷。初小禄入狱以来，为镇定众多家仆等，与那原三司官遣舍弟桃原里之子良照、远亲仲吉里之子良平至小禄邸（小禄乃与那原家之大宗家）。至此，二人见摩文仁，语：我等曾被遣至小禄邸。其时闻与力役潮平某与同僚玉那霸某相互私语，此前已见所发送之进呈品，是向何处之礼物哉？摩文仁以之为好证，直提交于呇场。十一月二十日，带出潮平，问：此前四五月间，仲吉、桃原来小禄邸之时，汝对同僚玉那霸某私

① 刖足：断足。中国古代肉刑之一。

语，去年进呈品已大多发遣，皆为向何处之礼物哉。其时，佐久川某亦在席，闻之。仲吉、桃原两人有此申报。由是观之，确为事实无疑。汝不可隐瞒，当白状。潮平答：此种话语从未从我口出。当时我等失主人，心中悲哀，如丧考妣，只垂头默坐，只答人之所问。何以对其他事发言哉！大屋子张目，高声叱责，曰：此等事实分明，而犹敢隐瞒乎？频行拷问，残酷不变。且言：若不信之，须带出仲吉、桃原，当面辩明之。大屋子退潮平，拘引玉那霸、佐久川来，逐一咎问。二人俱答，未闻此言。因此不得要领，颇费苦心。潮平频乞，带出仲吉等。十二月二十六日，传唤仲吉、桃原至咎场，与潮平对质。仲吉等言：我等曾至小禄邸，其时，君对玉那霸氏私语，去年进呈品大多已发遣，是向何处之礼物哉。然，君构诈，不白状，是何为哉？潮平答，君等来之时，我未出此等一言。君等制造诬言，陷人于罪，岂非恶意深重哉？天罚雷刑，立时即来。仍对大屋子言，乞将彼两人下狱严咎，自将判明实否。仲吉等对大屋子谓：当时，彼等相互私语并不明了，只大略如斯。潮平言：今彼等所言甚为暧昧，此乃陷人之诬言，不容置疑。请将彼等拷问咎明。仲吉、桃原言理被夺，颜色忽变如土，手足战栗。大屋子即退潮平，将玉那霸、佐久川相继带出，与仲吉等对谈，皆主张此乃彼等之诬言，遂不得其要领而归。

今回之大狱事件，乃我国自古以来未曾有之大事件。天灾地眚[①]，发生异常。赤木生虫，其虫从前未曾见。城中城外，不可言其甚。或悬垂于树木，或爬行于地上。良久，化蝶而飞。其形

① 眚：灾异、疾苦的意思。

状亦异，黑翅赤腹。纷纷扰扰，首里城中乱飞，妨碍行路。本年正月至七月，为虫，化蝶五回。天亦发怪光数回。又日日月月地震，一日十余回，人家之石垣破坏之事多。另园比屋布岳（位于首里城门外）中，榕树流出赤液，浑然如血，注垂于路上，每日计一升，二三十日始止。此时，恩河正处疑狱拷咎之中。首里城下之士中，有花城某。固不知学文，专好武勇，乃彪悍游荡之无赖汉。人附之绰名，谓“花城小虎”。常与摩文仁亲近，乃向平等所告发。云：恩河固有伤害座喜味三司官之阴谋。曾召集世上以武勇闻名之士松村筑登之亲云上、伊志岭里之子亲云上等，密会协议。世人固对恩河之谗言座喜味之事多抱疑问。至此，认为恩河果然谗言座喜味而欲倒之，事实明了，无不憎恨骂之。大屋子等即带出恩河，据花城告发之旨，逐一严密咎问。恩河发誓，无此等事实，抗辩。因之，受几多拷问，两脚皮肉破绽，极其惨酷苦楚。又拘引松村、伊志岭等咎问。亦主张，一切无此事。大屋子等颇疑惑之，唤出花城，痛责曰：咎问恩河、松村、伊志岭等，毫不承认之。是岂非汝之欺诈乎？花城抗言，曰：此事确实。何年何月何日，于国仲城（首里城之北岩）之兼城家（总地头之大臣家）之别庄密会。其日，自己亦出席。大屋子谓：何年何月，该别庄解除，已不存在。然言在此集会，必是造言。乃强烈呵责花城，严行拷问。花城不堪苦楚，高声悲鸣，遂自白，言：此事无有，实乃自己制造。大屋子等大怒，责：汝何以为如斯诬言乎。花城恐缩不堪，浑身战栗，答：只因恩河不自白，使咎明奉行等苦心。愤而思之，若我制此等诬言，成咎法一助，我等小身者，亦将有名誉乎。大屋子等谓：是真狂汉也。虽疑之大抵乃摩文仁之教唆，且有确认之事迹；然惮牵连上席之人，遂置之不问，而放免之。

一、同年十二月三十日，恩河被处以流刑[①]，发配久米岛六年。恩河受如此十二三回拷问，而回答如前。（通常，犯人不过受拷问二三回。今至十二三回，可谓其不胜惨酷矣。）咎明奉行等及大屋子等，乃结束其咎问，议定处置法。陈述：彼对新纳氏探问座喜味之行为，当回答其非行乃无实。今却答，如所言，有其风闻。此乃伤害大臣之罪。剥夺官爵，处以流刑，发配久米岛六年。向政厅提出，摄政三司官请王命。许之，咎明奉行等宣告之。

一、万延元年庚申闰三月十三日，恩河卒于狱中。恩河已受宣告，当发遣至久米岛。然无便船，长久留置于狱中。其不堪困敝，遂酿成重病，至不起。此时，牧志受咎问。每每历历白状，而免几多拷问。咎问之始，言出一新事实。其趣为，诹访守卫方招宴我官吏之席上，池城三司官乘醉对诹访氏密语：今回三司官之选举，尽可能任命次票者伊是名氏。一旁醉卧之小禄闻之，言：如斯之话，无用无用。又宫平亲方亦在席闻之。小禄、牧志之狱事，原本大致终结，至此，又一事件发生。再次拷问小禄，亦抗辩根本无此事。宜野湾咎明奉行携大屋子至宫平邸，讯问池城对诹访氏所语之事实。宫平答曰，从未闻此事，遂不得要领。

一、同年十月，众官集会于国学，议小禄、牧志之狱事。此

① 流刑：古时的一种刑罚，把犯人遣送到边远地区服劳役。

前，小禄受咎问拷问已十五六回，而毫不自认罪迹，亦未发现佐证之据。大屋子等思之，咎问之方法已用尽，无余蕴。兹须停止拷咎，议处置之方法。伊江、摩文仁、宇地原等主张，拷咎尚未用尽，故犯人不肯自白。须更加严厉，用水问法（将犯人倒悬于梯上，注水，谓之水问。此法，往昔自支那习来。其刑具虽保存，然过于苛刻残忍，古来未曾用之。若用，则多半致死）。亦主张，将池城拘引来拷咎，必充罪。大屋子主取世名城里之子亲云上、大屋子善平里之子亲云上、喜舍场里之子亲云上等赞同之，且劝谓：若同僚不同意，则由我等三名负担之，行咎问。公等勿忧。盖使小禄自白废立阴谋，将玉川、丰见城、宫平、松堂等下狱，悉欲陷重罪。然仲里与世山、真镜名（与世山，自大屋子至主取，多年处理刑事。特升至紫冠，称亲方。当时，刑事之精练，无人能出此人之右。真镜名亦从事大屋子及主取，乃刑法老练家。二人俱参加今回之咎明奉行）及平等之侧森山亲云上朝盛、同吟味役小波津亲云上朝仁、大屋子仲吉里之子亲云上朝显、与仪筑登之亲云上□□、比屋根亲云上安达、小桥川里之子朝升等，皆反对此议，思之，今回之狱事，依无根之风言，根据一点嫌疑而引发。而实际拷咎，毫不自白，亦无佐证之据。当如何终结乎？为之担忧。犹何必再用酷刑哉？且池城对诹访之云云，乃酒宴上之闲话，不足以采用。牧志亦自首之，与此狱事无关。是以若另起狱，乃非法理，而主持正直之议论。双方各自具陈意见，裁决任政厅。摄政三司官不能专断，将众官集会于国学，议其当否。满场之集会，王子有之，按司有之，亲方有之，亲云上亦有之，大致百有余名。以爵位之崇升、年龄之长少为序，分各班，整整肃肃，左右前后排列。此等众官固未耳闻目睹大明律、大清律，不知如何斟酌法理、操纵刑权，遂不能恰好论究。只惑于无根之蜚语流言，以嫉妒猜忌之心思，肆意盲论聋议，只主张陷刑坑之深者多。端正敦厚之君子，顾虑凭证之薄弱，恐伤无辜之身，欲从原谅之议。谒上面下，屡屡陈述，虽所议正确，论理精核，然处党同伐异，浇薄之世，容易化物我之心，不能循善。是以议论终日，谔谔不能一致。

一、同年十二月，小禄旧三司官被处以伊江岛照泰寺五百日之寺预[①]，牧志旧日帐主取被处以久米岛十年流刑。初于国学，虽大开评议，而不能一致，意见分为两端。政厅亦然。大里摄政与那原三司官，左祖伊江、摩文仁、宇地原等之意见；浦添亲云上朝昭、金城亲云上良智、阿波根亲云上朝兴、喜舍场盛离、玉城亲云上盛宜、大村里之子亲云上朝直（后称富盛亲方）等，为其爪牙，威势赫赫。众官因其势焰萎靡，唯唯是从者多。唯谱久山三司官认为仲里与世山、真镜名等之主义有理。保荣茂亲方朝宪（松堂之父）、龟川亲方盛武、川平亲云上朝范（龟川、川平、浦添，后俱为三司官）、伊舍堂亲方盛喜、高岭亲方朝康、津波古亲云上政正（与世山之长男，曾为官生，留学北京国子监七年。现为国王之侍讲官）等赞同之，排斥伊江等之主义。遂相分，成两党，各固持主意，不相上下。双方具状意见，向国王呈上，特奉任王命之裁断。其时，国王尚泰年仅十八，为裁决煞费苦心。王

① 寺预：刑罚之一，将罪人托付于寺庙禁锢。

之守卫富里亲云上朝显，乃大里、伊江等之党。副守卫今归仁里之子亲云上，乃谱久山、仲里等之党。国王思之八九日，乃下命，据大里、伊江之议施行。朝野闻之，大惊。将引起何种骚动乎，寒心者甚多。津波古即请谒见国母尚氏（先王尚育之妃，今王之母）。今回之狱事，若从大里、伊江王子等之议，则甚为残酷，恐无辜者多陷于罪科，极大损毁国家体面。谱久山三司官、仲里咎明奉行等之议，乃据法律，当谓至当之见。伏请太妃殿下向国王奉嘱，改用谱久山、仲里等之议。且谱久山、仲里等之党员等嘱今归仁副守卫，于内向国王谏奉。该王命下达三日后，国王即召摄政三司官至内殿，收回前命。下命，据谱久山、仲里之议施行。于兹，玉那霸、佐久川、潮平、桑江等皆接踵无罪放免出狱。终结小禄、牧志之咎问，议定其处置方法。昔年有前例，三司官选举之际，因向萨厅之当权者赠呈物品秘密请愿之罪，被处以久米岛十年流刑。牧志照此例，当被处以久米岛十年流刑。然因有向萨厅逃跑之忧，遂止发遣外岛，为终身入狱。伊江等之党人主张，据牧志之白状，小禄亦当处以十年流刑。然以牧志之言，不足为确证，此为正论者所道破。其说遂成泡影。然虽无证据，世上之风言风语，实有可疑之处。则罪之疑，基于从轻之律旨，将十年流刑减一等，定为伊江岛照泰寺五百日寺预。本年十二月，具申，向政厅提出。摄政三司官请王命，许之。因是，宣告各处置。小禄虽有满腔之悲愤，却无控告上诉之处，含冤吞屈，向伊江岛渡航，受此处置。大里摄政因主义之破绽而称病，不出朝。笼居数日，乃上书辞职。其后任为三司官时请王命、今回狱事之总裁仲里按司，封王子爵，转为与那城间切总地头，改称与那城王子。

池城三司官因受陷害，自议起，心怀恐惧，称病辞出朝。悒悒郁郁，日夜忧煎无措。该议渐止，神魂略安。兹呈辞表，去官。其后任，依例规投票选举，任命宜野湾亲方朝保。玉川王子为避世难，于其领地系满村，筑别庄退隐。然悲愤不堪，生厌世之思，绝粒食。近火则忽发焰之烈酒，饮数日，终伤胃肠，病入膏肓，自酿成重病。国王忧之，遣近侍之小臣慰问数回。医药无效，遂卒。哀哉！当时之众官诸士分两党。主义极大相反，倾轧不啻于冰炭。国王虽明晰了决，而激昂冲突之事丝毫不止。每相逢，必剧论猛议，如风卷，如波涌。是以绝交谊，离姻娅，去妻，逐妇。国中如荆棘，险恶至极。初大里、伊江之党员等气焰赫赫。因被王命所排除，党焰忽受挫折萎靡。世人目之，谓黑党。而遵循谱久山、仲里之正议之者，称白党。

一、文久二年（同治元年）壬戌六月，萨厅有命，征牧志。盖因萨藩与西洋各国开交通，欲以牧志执通词之役。此时，牧志幽闭于狱中，阅四年。在番奉行（来琉球监之萨官）市来次十郎，遣其属吏至平等所，求面会牧志。面会毕，即载肩舆，归那霸之客馆。市来氏即向球厅报知，萨命征牧志。盖不预先报知，乃防备其拒绝隐谋之虑。摄政三司官大惊，派异国通事长堂里之子亲云上朝□，乞与牧志交涉，不听，乃请王命，由宜野湾三司官携长堂氏，向萨厅诉愿。七月十九日，牧志由市来氏相伴，从那霸港开洋。牧志携旧仆一名，此夕，船过伊平屋岛滩，对旧仆谓：我馁，汝执饭来。仆急去舱厨求饭。牧志窥隙，投海，卒，年四十五。据传此前颇有神经错乱之情状。市来氏对旧仆之所为，大怒，狂饮至酩酊大醉。且泣曰：我未能达厅命，归国将有得罪之忧。欲拔剑，斩旧仆，而自刎一死。左右起，夺其剑，百般劝谏，不听。船内极大骚动，及醒，将旧仆囚禁于一间，防逃跑。船着鹿儿岛，缚旧仆，向萨厅上申事由。萨厅置之不问。是以无事，赦旧仆归国。宜野湾三司官已诣鹿儿岛，而出使之事已消，直归国。论曰：呜呼！恩河、小禄、牧志，前世不知有何宿业，以至于无辜之身坠落陷坑之深处乎。夫恩河对新纳氏，弥缝座喜味三司官之过失，固可。然语人之行为、事实之有无，虽于法律无任何抵触。箴言谓：吉凶荣辱，唯其所招。古人岂能欺我哉？且恩河原本轻浮，与座喜味之节俭庄重相比，性格背驰，不啻于冰炭。故荟群疑于一身，亦非无理。况与摩文仁有深隙[①]（摩文仁、恩河曾在萨公席上。公对地上之支那地图，问摩文仁："sinko"[②]之路依何而走。摩文仁不能答。"sinko"乃进贡之意。球人通用支那音，言"chinkun"[③]，故摩文仁不晓之。恩河于旁侧，指图答：自福州入，过浙江、苏州、山东。摩文仁觍颜抱惭。他日，生公子，招宴两人。恩河呈祝诗，谈吐最为雅洁，受公之欣赏。摩文仁无学，亦深惭。故为深隙），焉知新纳氏之告发乎？咀嚼之，岂非以重货之教唆（世人疑之者，实不少）？且宇地原为人刻薄惨忍。必使此人参与五刑[④]之权。其用心之仁慈，何处之有哉？小禄豪爽豁达，

① 深隙：嫌隙很深的意思。

② 日文"进贡"的发音为"しんこう"（sinko）。

③ 中文"进贡"的拼音为"jingong"，"chinkun"为其谐音。

④ 五刑：指五种刑罚。原始于中国，后来日本律令制中使用笞、杖、徒、流、死五种，一直持续至江户时代。

嗜酒放诞，胸中不设城府。此乃子桑伯子乎？太简仲弓乎？不可执[①]。岂能知哉？横行江湖之鳣鲸，遂为蝼蚁所制。其虽无宣告之凭证，然因风言风语而疑罪。所谓欲加之罪，何患无词。诬蔑人之深，岂有不惊哉？关于与仪、潮平等咎问，吹毛之手段，亦无不涉及哉。牧志固无罪。其遗书、遗吟及小禄之不自首，相证明亮。其终身入狱，残酷无比。呼天抢地之惨状，实可悲。忆其一跃高飞，倚权要之势焰，惹众怒群猜勃发，犹风驰潮涌一般，孰能驭之乎？仕途之险，较九曲之路尤甚。一旦颠踬，忽沉九渊之底。呜呼殆哉！古人以安遗子孙，固有其故哉。

① 出自《论语·雍也篇第六》："仲弓问子桑伯子，子曰：'可也，简。'仲弓曰：'居敬而行简，以临其民，不亦可乎？居简而行简，无乃大简乎？'子曰：'雍之言然。'"

喜舍场朝贤翁小传

明治之奎运，如黑潮一般，滔滔而涨，汹涌之浪潮亦波及吾南海之冲绳岛。废藩置县，实在琉球史上作精彩之一划。然社会之事务，常因惰力而受支撑。急转直下，并非容易之事。一度涌起之波动，一进一退，逐渐至革新之域。就此意味而言，吾冲绳，从旧来之梦中逐渐醒来。若思建设新冲绳，乃当今之问题；则回顾过去，为促进将来进步之基础。所谓历史虽重复，亦不重返，岂非可从此中体验乎？

吾喜舍场翁，号东汀，生于浦袭[①]首里城下仪保。及长，移住汀志良次。其先乃具志川御殿。父朝苗，善书，为第三子。人云，虽为异母之弟，对父母却最尽孝养。即虽为三子，而如长子。父死之前，独自一人承担赡养。

喜舍场翁成长之时，世变渐逼，而迷惑于日、支两属之决断。球阳之天地，被不安之暗云所覆盖。然首里城下，名门大家依旧耸立于绿叶之间。丘上之人士，憧憬势位，犹意气轩昂。喜舍翁等亦云，我心自幼起而燃，以治国平天下为理想，抱依学问出世之信念。翁之学问，全积于自修之功。殊汉籍与诗，超人一等。明治五

① 浦袭：“うら（浦）おそふ（襲）”，意为支配海湾之处。

年，随伊江王子[①]等一行东上，亦全赖诗而成为伊江王子之御侍童。其时代之秀才，皆以评定所科举、官生科举、御右笔科举及第为目的，入村学校、平等学校、国学之庠序[②]勉学。喜舍翁稍长，师事尚泰侯之侍诗官津波古亲方。津波古亲方学德优秀，有国师之令闻。翁多受其感化，遂于国学显露头角，志官生科举。虽当时有情弊，名实不符而及第者有之；然喜舍场翁实力优秀，非逊色之人。

庆应二年（1866），二十七岁，寅年，任寇船之通辩，翁之名声渐渐显露。明治元年（戊辰），二十九岁之时，依尚泰侯之御守役富里亲方及津波古亲方等之推荐，为尚泰侯之御侧仕，任书类保管吏员。尚泰侯在琉球王统中，乃屈指可数之明君。就废藩置县，达观时势，有坚决之定见。此虽乃尚泰侯之天禀，其辅佐之人出力亦多。现今，如津波古亲方，见识高深，洞察世界之大势，及早向国王进言。又如山内盛熹氏、喜舍场朝贤翁等御侧仕之人，亦非寻常一般之凡人。然尚泰侯之御精神，不能立即实行，乃社会未能进步至此地带之缘故。此为冲绳民族一再遗憾之事。《东汀随笔》之一节曰：

> 一日，予受国王之内命，往津波古亲方。事毕，闲话。亲方对予言：推荐汝为御侧仕，乃是因为汝有异于他人之学问。御前书籍多，汝闲暇之时，看书，将其要旨默记于心。于御前，应时临机，陈述之。乃成为第一之御辅佐。予屡屡上御前，见御近习等陈述，无寸益之价值，专附笑柄。实可谓名言。

① 原文为“江王子”，漏“伊”字。

② 庠序：古时乡学，泛指学校。

此事有之哉。喜舍场成御侧仕，一意专心辅佐尚泰侯，倾注心血。据时事而读书，为王之御下问而孜孜向学，实当特别书写。

翁风貌粗朴、资性刚直，而有见识。非世之所谓帮闲者流，唯迎欢心而罔君者。相反，对尚泰侯率直进言，认真尽其职之事，多也。

揭其一二实例。

《东汀随笔》之一节。

> 国王屡至崎山离宫游行。每次游行则设酒宴，近日尤多。王之御用酒（烧酒）取自大台所，大台所又取自各烧酒酿造家。故为最近酿造之今酒。御近习某陈述：饮用今酒（新酒），对御体不良。大台所有南蛮烧[①]之酒壶，御索取之，可作崎山离宫之御储酒。王许之。予谓：如此之劝御好酒，乃惹大弊害之兆，危哉。然未进一言。适逢御生辰御祝仪式。二十九日间，每日设御酒宴。王既醉，予亦醉。左右无人，而杂谈。予谨托谢戏言而奏上：予有一御愿。近日，闻崎山离宫造酒池，则肉林如何？王之御颜喜，宣[②]：迂腐儒者，迂腐儒者。强使予饮烧酒，予伺机逃跑。予言虽似滑稽，乃对王之有益大事。其后，储酒之事，止御取。

另某日。喜舍场翁近御侧，一边揉御腰，一边聊世间闲话。

① 南蛮：古代中国中原王朝对中原以南各部落的称呼。冲绳县那霸市位于日本南面，出产壶屋烧，故被称为“荒烧”的“南蛮烧”，画有朝鲜系彩画的“上烧”。

② 此为“言”的敬语。

其时，尚泰侯询问民情如何。喜舍场翁谈：最近道中听闻，近来地方之人民非常疲敝，困于养育子女。如某某，带三四岁之幼女来那霸市场，交换甘薯一荷[1]而归。尚泰侯非常感动，立即传唤伊江王子，处置地方救恤，下发救助米。

明治五年，三十三岁，作为庆贺使伊江王子之随从，上京见学。明治十一年十二月，作为御心附役，成为给地御藏役。至废藩置县。同十二年，富川亲方渡清之际，命其随行。因父病故而辞之。退官后，专亲于诗书易经。翁自二十一岁起，善作诗，迩来钻研不已。其汉诗之造诣，于近世琉球可推为一流。《东汀诗集》中，五言古风、五言律、五言排律、七言律、七言排律、七言绝、五言绝等，涉及赋诗杂诗之各体，收入约千首。翁七十岁时，首里士族十余辈集会学诗。翁应其聘请，为教师。每月出诗题，做增删，定评点，极大奖励，沿及数年。

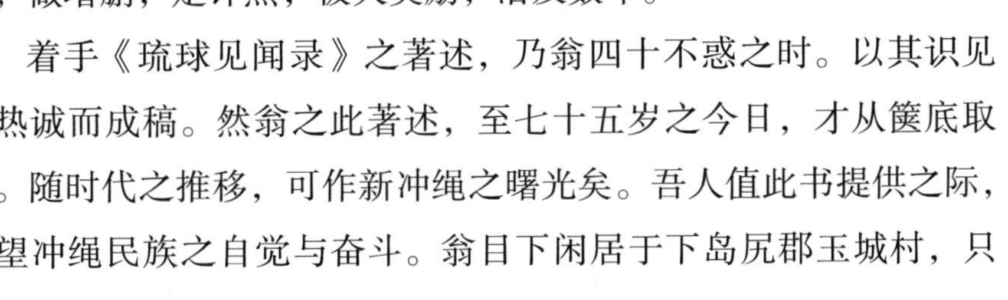

着手《琉球见闻录》之著述，乃翁四十不惑之时。以其识见与热诚而成稿。然翁之此著述，至七十五岁之今日，才从箧底取出。随时代之推移，可作新冲绳之曙光矣。吾人值此书提供之际，期望冲绳民族之自觉与奋斗。翁目下闲居于下岛尻郡玉城村，只与风月为友。

大正三年三月二十八日

素位[2]学人 亲泊朝擢记

---

① 一荷：数量词，一担。

② 语出《礼记·中庸》："君子素其位而行，不愿乎其外。"

图书在版编目(CIP)数据

琉球见闻录/喜舍场朝贤著;李艳丽译. —北京:商务印书馆,2024

(汉译世界学术名著丛书:120年纪念版:珍藏本:增订本)

ISBN 978-7-100-23407-8

Ⅰ.①琉… Ⅱ.①喜…②李… Ⅲ.①琉球—史料 Ⅳ.①K928.6

中国国家版本馆CIP数据核字(2024)第042502号

汉译世界学术名著丛书

(120年纪念版·珍藏本·增订本)

琉球见闻录

喜舍场朝贤 著

李艳丽 译

商务印书馆出版

(北京王府井大街36号 邮政编码100710)

商务印书馆发行

北京中科印刷有限公司印刷

ISBN 978-7-100-23407-8

2024年5月第1版 开本 710×1000 1/16

2024年5月北京第1次印刷 印张 14¼ 插页 8

定价:98.00元